2024年度中国科学技术大学本科生“十四五”规划教材项目

破土

中国科大“新苗计划”创新创业案例 4

主　　编　朱东杰
执行主编　赵　征
副 主 编　鲁金茗　骆念武
编　　委　陶妍妍　区卓艳　刘启斌
　　　　　宋红彪　李津徽　王　昊

中国科学技术大学出版社

内 容 简 介

中国科学技术大学双创训练营“新苗计划”是为学生“双创基金”支持项目量身打造的专项辅导计划，旨在通过项目指导和展示交流等活动培育学生“种子期”创新创业项目和团队，使其成长为创新创业“新苗”。本书围绕中国科大创新创业“新苗计划”，选取13支具有中国科大特色的创新创业团队，以侧记、访谈、评论等形式，从项目创意、成长故事、思考感悟、导师点评、经验分享等视角，记录创新创业“新苗”汲取营养、奋力“破土”的成长轨迹和心路历程，以期做到“讲好创新创业故事，提高创新创业能力”，为学校创新创业教育积累经验，提供方案。

图书在版编目(CIP)数据

破土：中国科大“新苗计划”创新创业案例. 4 / 朱东杰主编. -- 合肥：中国科学技术大学出版社，2025. 3. -- ISBN 978-7-312-06233-9

Ⅰ. G647.38

中国国家版本馆 CIP 数据核字第 2025B8R339 号

破土：中国科大“新苗计划”创新创业案例(4)

POTU: ZHONGGUO KEDA “XINMIAO JIHUA” CHUANGXIN CHUANGYE ANLI (4)

出版 中国科学技术大学出版社
安徽省合肥市金寨路96号，230026
http://press.ustc.edu.cn
https://zgkxjsdxcbs.tmall.com

印刷 安徽国文彩印有限公司

发行 中国科学技术大学出版社

开本 710 mm×1000 mm 1/16

印张 12.75

字数 159千

版次 2025年3月第1版

印次 2025年3月第1次印刷

定价 100.00元

序言

百年大计，教育为本。习近平总书记在考察中国科学技术大学时说：“教育是实现‘两个一百年’奋斗目标的基础。”在全国教育大会上，总书记进一步指出，“要提升教育服务经济社会发展能力”，“推进产学研协同创新，积极投身实施创新驱动发展战略，着重培养创新型、复合型、应用型人才”。总书记的讲话高瞻远瞩，内涵寓意深远。

青年兴则国家兴，青年强则国家强。今天，我们比历史上任何时期都更需要建设世界科技强国，我们对创新创业人才的渴求比以往任何时候都更加强烈。为全面建成社会主义现代化强国提供一流创新创业人才支撑，是高校必须肩负起的责任与使命，是做好创新创业教育必须回答好的时代命题。

高校立身之本在于立德树人。中国科学技术大学始终坚持把立德树人作为根本任务，坚持“红专并进、理实交融”的校训，着力践行以学生发展为中心的育人理念。大力培养“有理想、有追求、有担当、有作为、有品质、有修养”的“六有”大学生，努力造就德才兼备、又红又专的优秀人才；以本科生书院、创新创业学院建设为抓手，积极推行大类教育、专业培养的“2+X”培养模式，形成具有“中国特色、科大风格”的一流创新人才培养体系。

中国科学技术大学始终坚持创新立校，尊重首创精神。学校积极响应国家“创新驱动发展”和“大众创业、万众创新”战略号召，充分发挥科研、教育、人才优势，积极整合优质资源，建立跨学科协同创新的教育孵化平台，培养具备创新精神和创业能力的优秀人才,促进科技成果转移孵化,服务创新型国家战略。

中国科学技术大学始终坚持优化布局,构筑卓越创新体系。学校着力优化学科布局,确立了基础学科加快"率先一流"建设,"新工科"、"新医学"和"特色文科"持续推进的学科发展战略,结合学校自身特色,打造"科"字当头的"特色文科",与"理工医"深度交叉融合,成为引领科研"无人区"探索的指路明灯,推动科学研究跨越式发展。

中国科学技术大学始终坚守"科教报国、追求卓越"的初心使命。作为国家首批"双一流"建设高校,中国科学技术大学坚持以铸就学生创新灵魂为导向,坚持以科技创新创业为引领,坚持以教育培养为根基,坚持以课堂、竞赛、活动为载体,积极引导、辅导、指导大学生创新创业实践,努力实现大学生学业、创业、就业的结合,激励一代代科大学子以勇攀科学高峰为理想、以科教报国为己任、以自立自强为追求,为他们打上最鲜亮的时代底色。

创新创业人才的发现、发掘、培养是高等教育的重要使命。中国科学技术大学创新创业的步伐从未停歇:从人工智能到量子科技,从"托珠单抗"到"嫦娥奔月",从大科学装置、科大先研院到合肥综合性国家科学中心、科大硅谷……处处闪耀着科大人奋斗的身影,处处凝结着科大人智慧的结晶,处处散发着科大人创新创业的活力。这是中国科大"红专并进"的生动实践,是中国科大"理实交融"的特色展现,更是中国科大"立德树人"的责任担当。

让人欣喜与振奋的是,随着中国科大创新创业教育的不断深入和发展,一批又一批优秀的科大学子正在成为创新创业"新苗",他们正在"破土"而出,他们带着朝气、富有梦想。不远的将来,他们必将成为中国科技创新创业的重要力量。

大学的今天,就是社会的明天。中国科学技术大学将进一步全面贯彻落实习近平总书记关于中国科大发展的系列重要指示精神，加快构建创新创业教育的新体系，探索创新创业教育的新模式，构造开放、包容、合作、创新的创客文化，鼓励、支持、引导青年学子“把论文写在祖国的大地上，把科技成果应用在实现现代化的伟大事业中”，在实现中华民族伟大复兴中国梦的征途上，奏响新时代创新创业的“青春之歌”！

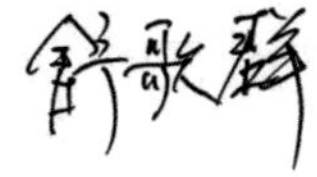

中国科学技术大学党委书记

前言

中国科学技术大学是教育部认定的首批“创新创业教育改革示范高校”。学校始终把创新创业人才的培养作为教育改革的核心,为了更高效地统筹协调全校创新创业教育和人才培养工作,2019年11月,中国科学技术大学创新创业学院正式成立。

创新创业学院自成立起,即以铸造学生创新创业灵魂、培养顶尖科技创新创业人才为目标,打造具有中国科大特色的创新创业教育培养体系,形成了以“四金”(即“金课”课程体系、“金牌”导师队伍、“金奖”项目团队、“金字”教育品牌)为标志和特色的科创人才培养模式。2022年,中国科大先后入选首批“国家级创新创业学院”、首批“省级创新创业学院”、首批“省级创业研究院”。

在校内外多家单位、校友企业、政府机构的大力支持下,创新创业学院先后设立了五支公益性创新创业基金——“中国科学技术大学基本科研业务费学生创新创业基金”(简称“双创基金”)、“中国科学技术大学华米创新创业基金”(简称“华米基金”)、“中国科学技术大学福昕创新创业基金”(简称“福昕基金”)、“中国科学技术大学雏鹰基金”(简称“雏鹰基金”)和“中国科学技术大学雄鹰基金”(简称“雄鹰基金”),形成了支持科中国大学子和校友创新创业项目的“全链条”“阶梯式”公益性创新创业基金体系。通过公开申报、公正评审、公平竞争、无偿支持,持续培育本科生、研究生的创新创业项目,让学生在创新项目中发现问题、主动求索、努力创新,让同学们在创业实践中了解行业、思考感悟、创造价值。

为培养并发挥青年学生在创新创业教育中的自我培养、自我管理、自我服务能力，探索科技创业投资、基金管理人才培养的模式，中国科学技术大学按照“学生管理、专家指导、管培结合、全程服务”的思路，提出由学生团队来管理创新创业基金的创新模式，即由校内学生组建成基金管理团队，具体负责基金项目申报、评审、立项、服务等工作。学生基金管理团队在创新创业学院及行业专家指导下，定期进行业务培训，使基金管理工作与创业投资人才培养工作融为一体，学生基金管理团队为基金资助项目提供全过程的联络和服务。创新的基金管理模式，把项目遴选变成了创投人才培养课堂，把基金管理变成了同学们学习提升的实践课堂。这项把创新创业项目培育和创投人才培养融为一体的创新举措，在国内高校创新创业教育工作中属首创，被众多双创专家和教育专家称为“科大模式”。四年时间里，中国科大学生基金管理团队共遴选支持了500多个项目，支持项目资金近7000万元。

在项目团队的成长中，创新创业学院和学生基金管理团队根据其发展阶段，制定并组织开展了“新苗计划”培养计划，帮助“种子期”的项目团队顺利完成关键技术研发、早期团队组建及商业计划制定，助其成长为创新创业“新苗”。为培育好这些创新创业的“种子”，创新创业学院按照“内外协作、专兼结合、热情参与、德才兼备”的思路，先后聘请了近100位校内外专家学者、成功企业家、经济管理专家、政府管理者、创业投资者、孵化服务者等担任双创导师，为项目团队提供技术指导、培训咨询及资源对接等支持。

在一次次“新苗”培育活动中，我们见证了这些项目的成长、提升，参与活动的同学也都充分感受并赞赏项目培育中贯穿的“面向实战”“以赛促创”“重在培养”等教育理念。2023年，这些“新苗”先后在国创大赛、“挑战杯”等国内重点双创赛事中取得了6项国赛金奖、3项国赛银奖、4项国赛铜奖、24项省赛金奖的优异成绩。在众多优秀项目中，我们选取了部分具有中国科大特色的科技创新创业团队，将他们的项目创意、成长故事、思考感悟以及导师点评等汇编成册，在梳理他们的成长规律、创新模式，提供经验分享的同时，也记录下这些"新苗"汲取营养、奋力"破土"的过程。

就此机会，谨向在创新创业人才培养过程中给予大力支持的中国科大研究生院、教务处、对外联络与基金事务处、财务处、团委、物理学院、化学与材料科学学院、工程科学学院、计算机科学与技术学院、地球和空间科学学院、公共事务学院、科学岛分院、国家同步辐射实验室、先进技术研究院等单位的领导和老师，以及科大讯飞股份有限公司、安徽华米信息科技有限公司、福建福昕软件开发股份有限公司、安徽创谷股权投资基金管理有限公司、安徽中鑫继远信息技术股份有限公司、合肥市科创集团有限公司、安徽爱意果园投资管理有限公司、合肥英毅教育咨询有限公司、安徽五十六钡教育科技有限责任公司等各界伙伴，表示衷心的感谢！

我们由衷感谢俞汉青、李良彬、刘启斌、朱宗瑞、刘淇、闫立峰、章晓军、徐强、黄叙新、许诺、王芳、何广卫、李津徽、董二宝、宋怡等导师们的倾情奉献，以及各创新创业团队的积极配合。感谢王昊、徐扬、蔡恩婷、朱晓玲、卢五彩、程利等老师在活动策划、组织和执行过程中的无私奉献。感谢中国科学技术大学出版社领导和编辑对本书出版的大力支持。

最后，愿我们所有的努力，都助力棵棵"新苗"，早日"破土"而出，终成参天大树。

编　者

2024年10月

目录

序言 …… i

前言 …… v

大功率连续波相干太赫兹激光器研制及应用 …… 002

高强高透可降解薄膜 …… 018

基于MPGD的质子放射治疗3D剂量测量 …… 032

基于WEBXR的科学可视化3D虚拟仿真平台 …… 048

金雀智能:手术麻醉智能化时代开创者 …… 064

金属卤化物固态电解质助力全固态锂金属电池 …… 078

科芯微流:开创连续流化工生产新模式 …… 092

满面红光:全球领先的下一代近红外Pe(钙钛矿)LED缔造者 …… 106

面向高原环境的自适应智能供氧技术 …… 120

青研科技:开创生态碳汇数字化新方案 …… 134

人机之桥:多模态交互机器人 …… 148

中科元创:下一代储能逆变器领航者 …… 162

细胞阻抗分析设备开发 …… 176

俞汉青

中国科学技术大学创新创业导师、

中国工程院院士

希望你的上半场，写出好论文；希望你的下半场，可以参加“双创”。

大功率连续波相干太赫兹激光器研制及应用

大功率连续波二氧化碳泵浦太赫兹气体激光器是目前太赫兹波段应用较成熟、较具有发展前景的光源,而光泵浦双频相干太赫兹激光器是磁约束聚变等离子体远红外激光偏振干涉仪诊断最合适的光源,在其他的很多关键应用领域如医学成像和安检成像等方面也有着相当重要的应用前景。

本项目将研制一套二氧化碳泵浦甲酸双频相干激光器系统,具有目前聚变等离子体诊断以及太赫兹应用领域的核心波段(0.69 THz),对高平均功率的双频相干太赫兹激光的稳定输出特性进行研究,通过对双激光器输出的双频相干信号的实时检测及反馈控制,进而对双波导腔激光器的谐振腔腔长进行精密调节,从而使双激光器稳定输出具有恒定差频的双频相干太赫兹连续波激光,为聚变等离子体偏振干涉仪诊断、太赫兹安检成像、太赫兹医疗CT、太赫兹食品安全检测等相关应用研究提供稳定可靠的双频相干激光光源。

本项目完成后将促进国内在本领域的技术跨越式发展,解决太赫兹激光诊断和主动式太赫兹技术应用的关键技术、设备问题。

核心团队

解家兴

研究生院科学岛分院博士生

张弩

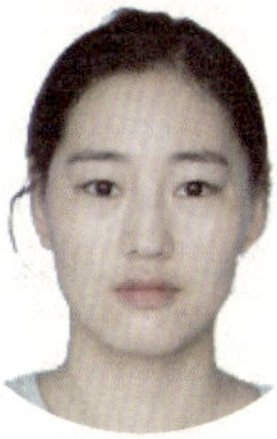

燕慧慧

王琰

李轩

储宇奇

创客故事

与光同行，以先进光源打造安全“守护者”

光是生命之源，给予自然界能量和热量。没有光，万物就没有轮廓，没有色彩，我们也无法感知周遭的一切。

对光的探索史就是一部人类文明的发展史。自人类有意识起，我们对光的探究历程就没有停止过。早在战国时期，《墨子》中就记载了小孔成像的现象；17世纪，牛顿提出光的微粒说；19世纪，赫兹发现了光电效应；进入20世纪，爱因斯坦提出光量子假说、德布罗意提出波粒二象性……随着一步步接近光的本质，人类的智慧也实现着一次次飞跃。

在中国科学技术大学，有这样一群“追光”的师生，他们孜孜以求，正在将先进光源不断拓展到安检、医疗、通信等应用领域。解家兴就是其中一位。

一

解家兴是中国科学技术大学2020级博士研究生，等离子体物理专业，研究方向为等离子体诊断。2022年12月，他又多了一个社会身份——合肥焦锐光电科技有限公司执行董事兼总经理。这标志着他和团队已经踏上了创业的征途。

之所以敢于创业，解家兴是有一定的底气的。“大功率连续波相干太赫兹激光器”是他们团队的科研产品，而且已经落地。如果单从产品的名称和来源看，非常高大上。“产品最开始还是来源于比较高科技的仪器，最开始用在磁约束聚变，就是科学岛人造小太阳上的密度诊断系统。”解家兴说，看似高大上，其实也并不神秘，通俗地说就是通过一种“先进光源”的应用，来解决生活中的一些问题或难题。“我们的核心点在于目前国内还没有相关的激光器产品。国外的仪器每次使用8小时就要进行重启，而我们研发的激光器可以24小时连续运行，更好地响应了安检仪等仪器的市场需求。”

之所以将科研成果产品化，其实是来自导师团队科创公司的需求。解家兴导师所创立的安徽中科太赫兹科技有限责任公司是中国科学院合肥物质科学研究院科技成果转化的一家创新企业，主要经营太赫兹安检成像系统、太赫兹检测设备的研发，但是缺乏一些特定波段的光源。“我主要做光源研发，为中科太赫兹公司提供产品。我做的光源可以用在科研领域，也可以用在安检、医疗等商用方向。”一个有需求，一个能研发，实际工作中，不仅有产品实验场地，还有技术应用及产品推广平台，这对初创企业来说，无疑都是珍贵的财富。毫无疑问，解家兴就拥有了这样的好运。

“我们首先想把它用到太赫兹主动人体成像安检领域去。在我们进入地铁站或者高铁站的时候，都会有安检人员用金属探测器来扫描，这提高了用人成本，并且在人流量大的时候检测效率和准确性也比较低。现在我们想要的就是把太赫兹光源用在主动成像上，对人体携带的危险品进行成像，使通勤人员进入的时候不需要有专人安检，而是无接触式地直接通过,只需要有人在值班点观察安检屏幕就好,就像物品安检仪一样。"解家兴这样描述。他说,太赫兹电磁波的优点之一,在于可以穿过衣服和皮肤,透视整个人体,但它不会像X射线一样,对人体构成伤害。

二

光的本质是一种电磁波,它具有波长和强度两个特性,不同波长的光呈现不同的颜色。在医疗行业中,接触较多的是X射线,比如在医院体检项目中就常有X射线胸透。但是,X射线扫描物品是有辐射的,扫描人体会对人体有害。比X射线波段长的微波呈像的清晰度又没有那么高。

近年来,随着太赫兹技术的发展,一些新兴企业开始在太赫兹人体安检成像领域开疆拓土。太赫兹波段为唯一能够高分辨率进行人体安检成像的波段,逐渐被人们认知并被市场青睐。一些企业依靠现有太赫兹技术生产太赫兹人体成像安检仪,面向机场、火车站、地铁站等场合进行人体安检。解家兴坦言,太赫兹波就像一个宝箱,一直以来未被人类完全打开。太赫兹技术也被称为21世纪重大的新兴科学技术,可以广泛应用到通信、安检、医疗、航空、检测等多个领域和场景。但是不得不面对的一个痛点是：市面上缺乏大功率连续波高频太赫兹激光光源，而且市面上的人体安检仪目前大多为被动式人体安检，利用人体本身发出的红外波进行成像，其波段在毫米波段，成像分辨率低，并非真正的太赫兹成像。

"我们所用的这个波段的光位于太赫兹波段，波长处于微波和红外波之间。太赫兹波段的光源和探测器目前相对来说不是很成熟，以前一直没有得到比较大的重视与发展，我们现在还处于比较窄的领域，以前只用在聚变等离子体诊断领域，现在我们想把它研发成产品进行应用。"解家兴说，利用太赫兹成像，可以检查机场通关的旅客与行李，检查邮件中是否藏有毒品甚至是炭疽热粉或炸弹等违禁物品。应用该产品后，通勤效率可以大大提升，就跟现在工厂的一些自动化产品线似的。"以高铁站、地铁站为例，我们现在还是排着队一个一个扫过安检，使用我们的产品后，只需要走进去直接通过，两三秒就能完成检测。"

如果遇到可疑物品会自动报警吗？解家兴的答案是肯定的，不但会自动报警，而且迅速给出可疑物品的定位，然后放大，放大之后，工作人员就会进行更深层次的检查。

目前，解家兴团队参与研发的产品样机已经在合肥地铁4号线上进行测试与应用，"效果还可以，成像范围和清晰度都有了一定的提升，但是我们的产品现在还在迭代，想要成像效果更好，识别的物品准确性更高。"他说。

三

经常乘坐飞机、高铁出行的人可能都有一个感觉，就是多年之前我们过安检就是工作人员手持检测仪，在身体上下左右扫描，多年后的今天，虽然科技飞速发展，各种大科学装置"上天入地"，但是安检仪器似乎依然是一成不变,还是"同样的场景、同样的动作、同样的表情"。

解家兴说,当时他的老师接到这一需求后,在3个月时间内,就用最开始比较笨重的光源研发出了第一台样机,并且送到中国国际警用装备博览会展览,取得了很好的效果,因此开展了持续的合作。对于目前市场上的太赫兹激光器,解家兴拥有自己的个人认知,"一些比较常规运行的半导体激光器,非常好用,运行非常稳定,但是半导体激光器输出功率在高频段就会变得很低,功率低了,成像效果就不好。"解家兴解释这是因为半导体倍频的技术限制,而且常规的电激励气体激光器,输出功率受长度影响非常大,为了保证较高输出功率,长度一般都超过3米,体积非常大的东西,进行产品化应用会受到诸多条件的限制。"我们的仪器就介于这个之间,我们仪器体积不会非常大,但是频率非常高,输出功率也非常高。"

解家兴说起来有点"云淡风轻",但是他说其实没那么简单:"还是挺难的,如果非常简单的话,国内应该早就有了。"激光器不是一个简单的小盒子,而是一个系统。激光器也不是简单的材料应用,系统里面包含很多的光电技术和光学器件。"我们需要将所有的光学器件、光路系统、辅助设备进行设计,并保证每一个器件的性能都达到一个符合激光器最高输出水平的效果,然后把它们搭建成一个激光器系统,才能获得我们想要的输出性能。"解家兴说,这个复杂的系统中涉及诸多光学器件加工的问题,还有激光器能量转化效率的问题以及光学设计、能量计算,包括整个激光器安装调试等一系列的复杂程序。

面对复杂的挑战,解家兴和他的团队伙伴选择的是迎难而上、攻坚克难,并最终取得一个又一个的成果。2023年11月17日,解家兴创办的合肥焦锐光电科技有限公司又申请了一项新的专利——一种太赫兹双频激光器稳定性控制系统及方法及其使用方法。这意味着他们团队研发的产品正在按照既定的目标稳定前行。

“我们会进一步进行产品化设计，使设备零件标准化，设备紧凑化，易操作维护，可以面向高校、研究所等有太赫兹波源需求科研机构直接出售太赫兹光源。”解家兴说。与太赫兹成像设备企业合作，面向机场、轨道交通和医院等机构研发高成像分辨率的主动式太赫兹人体安检设备和太赫兹医学成像设备，快速形成市场占有率，是他们科研的产业化目标更是企业的发展路径。

“海阔凭鱼跃，天高任鸟飞。”展望更广阔的未来，在大功率连续波相干太赫兹激光器研发成功后，“将会实现目前主动源太赫兹成像技术从振幅成像到相位成像的跨越，即从光强拍摄成像到相干全息成像的跨越，这对整个太赫兹技术应用产业都具有划时代的意义。”说这话时，解家兴这位“追光”小伙的眼中充满了光亮。

项目价值

太赫兹(THz)波是指频率在 0.1 ~ 10 THz(波长为 3000~30 微米)范

围内的电磁辐射，这段电磁频谱包含了由部分毫米波段（约0.1 THz）到远红外区（约25 THz）的一段电磁频谱。由于THz波段中包含了大多数分子的转动或振动能阶，因此在安全、反恐、空间遥感、通信和医学成像等方面也具有重要的应用价值。

THz光探测技术主要包括：高功率的太赫兹光源、THz辐射的探测技术、太赫兹成像技术及其应用。其中重要的技术之一，也是限制太赫兹技术发展的关键技术之一，就是大功率连续波太赫兹激光源的发展，而这一技术长期以来被欧美日等发达国家垄断，极大地限制了国内太赫兹技术的发展。

双频

单频
- 输出功率高，最高可达1 W。
- 单色性好，可应用于干涉测量。
- 通过更换硬件参数，可以实现多种频段的太赫兹激光输出，频率覆盖太赫兹技术应用的主要波段。
- 运行稳定，可24小时连续输出。

- 可以同时输出两束频率相近的太赫兹波。 ⇒ 太赫兹全息成像
- 两束光合束后频差可保持长时间稳定。 ⇒ 远红外激光偏振/干涉仪

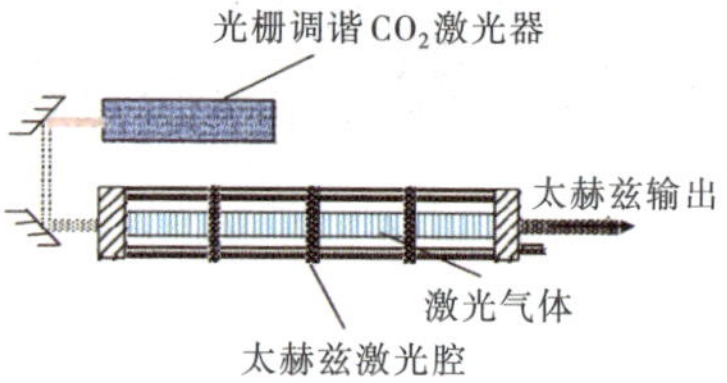

CO_2光泵相干太赫兹激光器优点

双频激光器样机

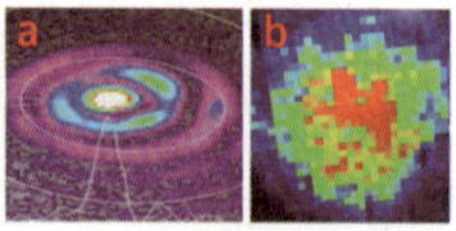

激光器输出光斑

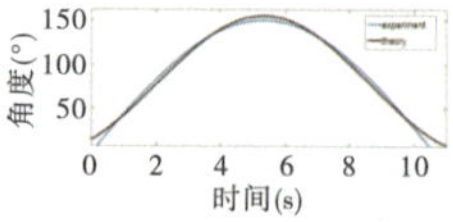

所测相位差

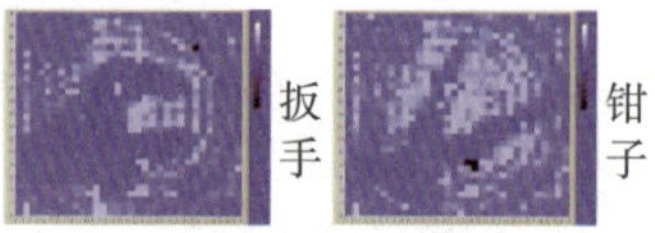

成像初步应用

基础性能测试

要实现大功率连续波输出，第一，要对光泵太赫兹激光器的激光纵模输出特性进行详细研究，详细研究耦合输出窗口材料和镀膜技术将是研究难点之一；第二，要对气体的流量和气压进行精细的控制和调节；要达到MHz量级的差频输出，需要对激光器的腔长进行微米量级的精密调节，可以选择精密压电陶瓷材料或高精度微位移调节台；而要达到差频输出的恒定，则可以实时地检测输出的差频相干信号来反馈控制腔长的调节，MHz量级差频相干双色太赫兹激光的实时信号检测和处理技术也是项目研制的关键问题之一。

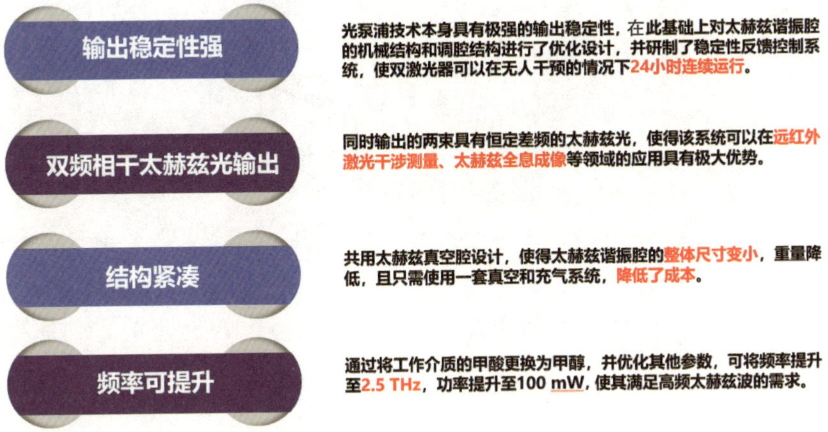

产品特色

本项目的目标是研制一套大功率连续波双频相干激光器系统，输出波长432 mm(0.69 THz)，对高平均功率的双频太赫兹激光的稳定输出特性进行研究，通过输出双频相干信号的实时检测反馈，来控制双波导腔激光器的腔长的精密调节，从而稳定输出具有恒定差频的双频太赫兹连续波激光，为聚变等离子体偏振干涉仪诊断和太赫兹技术应用研究提供稳定可靠的双频相干激光光源。

访谈心声

主持人:非专业人士其实并不了解太赫兹,你的创业项目到底做什么的?

解家兴:我们在做一种激光器,它最初用来作为磁约束聚变实验装置上密度诊断系统的光源,比如科学岛上的"人造小太阳"。现在,我们主要想用它来作为太赫兹主动人体成像的光源,使地铁站、高铁站等不需要安检人员扫描,而是可以直接通过。

主持人:你们的项目属于哪一专业领域?你们希望通过努力能解决行业中哪些难题?

解家兴:我们的项目属于光电技术领域,希望可以填补国内在部分太赫兹波段激光器产品的空白,并且为太赫兹主动安检成像提供大功率的稳定可靠的光源。我们想把它用到太赫兹主动人体成像安检领域去。

目前，我们进地铁站或高铁站都会有人给你扫进行安检，现在我们想要的就是把这个主动光源用在主动成像上，给人体的危险品进行成像，使人体进入的时候不需要有人来执行安检，而是直接走过去对人进行安检，只需要有人在值班室里看就行了，就像物体通过一样。我们对标了英国的爱丁堡仪器公司，我们的产品在连续运行时间、价格和售后服务上都有着绝对的优势，劣势是我们产品的输出功率还略低于该公司，还需要进一步优化。

主持人：现在我们过安检，物品通过一个传送带扫进行安检，安检的人员会拿一个金属探测器对人进行安检。你们这个以后可以解决什么问题，是提升效率还是准确度更高呢？还是成本更低呢？

解家兴：最重要的就是解决通勤效率的问题，之前是排着队一个一个扫，你现在只需要走进去再走出去。

主持人：像正常走路一样？

解家兴：对，现在有的地铁站还是有一个金属探测门，我们只是比它的探测门大一点点，其实就是走一下，类似于物品成像一样，有很多张图纸，有一个自动定位的算法，定位你这个东西是个什么东西。这套系统确实比较复杂。

主持人：你们这个技术完全可以实现扫出来所有的东西都可以成像，如果遇到可疑物品会自动报警吗？

解家兴：会自动报警，首先是定位，然后放大，放大之后告诉工作人员这个很可疑，工作人员就会进行更深层次的检查。

主持人：截至目前，你们的项目进展到哪一步了？最亟待解决的问题是什么？

解家兴：目前进度条在60%吧，也就是初步完成了产品样机。这个阶段我最担心的是样机产品化的研发经费问题，因为一个比较复杂的仪器从能用到让客户好用，这方面的研发很耗钱。

主持人：普通人对光也不是那么了解，作为一个专业领域的人士，跟我们普通人科普一下关于光的知识。

解家兴：我们所用的这个波段的光处于太赫兹波段。比这个波段长的如X射线，X射线扫物品给物品进行成像，它是有辐射的，用在人身上对人体是有害的。比X射线波段再长的就是微波，微波成像的清晰度又没有那么高，所以目前在太赫兹波段。因为太赫兹波段光源相关的探测器不是很成熟，以前一直没有得到发展，我们现在还介于比较窄的领域，只用在核聚变领域，现在我们想把它研发成产品进行应用。

主持人：我们国家光学领域的技术应用水平怎么样？

解家兴：在光学领域，我这个学科属于应用光学，我们的很多仪器现在确实处于世界领先地位，我们现在研发的在托卡马克上用的就是这个仪器。我们想把它里面的一些东西进行国产化，以至于我们不依靠国外的技术，例如探测器、光源里面的一些光学器件，我们可以完全自主研发。

青春独白

我所理解的科技强国就是国家对科技的重视使得青年人具有自主创新的能力和热情，从而打造出高素质的科技人才队伍，促进国家在各个领域的快速发展。对于青春报国，我的认识是现在国家为我们青年学子的成长提供了肥沃的土壤，为我们在学习、生活、择业创业等提供了全方位的支持。我们在注重实现自我价值的同时，也要注重实现社会价值，回报社会，热爱祖国。

专家点评

太赫兹激光器在医疗成像领域的研制及应用是一个跨学科的研究领域，涉及物理学、生物医学工程和临床应用等多个方面。

太赫兹波对生物医学组织具有天然的非电离性、水含量敏感性和浅层穿透性等特点，这使得其非常适合应用于生物医学成像。太赫兹量子级联激光器(THz QCL)具有激射功率高、光束质量好、调制速率高、体积小的特点，基于THz QCL的生物医学成像系统相较于其他主动式生物医学成像系统成像信噪比高、成像分辨率高、成像速度快、结构更紧凑，可广泛应用于以下领域，如早期癌症检测与治疗、糖尿病无创检测、烧伤组织成像、生物硬组织成像、药物结构分析等，能够作为X射线成像、超声波成像、核磁共振成像、红外成像以及拉曼成像等技术的重要补充。其独特的物理特性和技术创新为生物医学成像提供了新的可能，有望在未来的医疗诊断和治疗中发挥重要作用。

太赫兹激光器在医疗商用化过程中仍面临很多挑战：首先是技术成熟度和成本问题。太赫兹技术相对较新，许多设备和系统尚未大规模商业化，导致成本较高。其次，将太赫兹反射或光谱学集成到传统的神经外科工作流程和神经探针中非常具有挑战性。再次，作为一种新兴技术，太赫兹激光器在医疗领域的商用化需要时间来获得市场的认可和接受，这包括医生、医疗机构以及患者对这种新技术的理解和信任。最后，医疗设备需要通过严格的监管审批流程，这可能耗时且成本高昂，进一步延缓了太赫兹激光器技术的商业化进程。

范美辉

中国科学技术大学创新创业导师、

安徽华米信息科技有限公司联合创始人

创业不是请客吃饭，而是撸起袖子一起干！

高强高透可降解薄膜

在"碳达峰、碳中和"的发展背景下,国家陆续发布相关政策限制和降低塑料制品使用量,生物可降解材料迎来重大机遇。绿色发展需要制备性能更优异的PBAT(polybutylene adipote terephthalate)薄膜。高强高透生物可降解的PBAT薄膜具良好的生物可降解性、柔韧性和耐热性,应用于薄膜领域具有显著优势。

目前,PBAT薄膜主要用吹膜法制备,存在强度差(<30 MPa)、透光率低(<80%)、成本高等缺点,市场接受度低。而采用双向拉伸工艺可制备高强度(>100 MPa)、高透光率(>90%)的BOPBAT薄膜,而借由高强度特性(25 μm薄膜性能即可远超现有市场50 μm薄膜承重性能),可有效降低原料成本约40%,是解决行业痛点、推动可降解薄膜大规模应用的理想路径。

核心团队

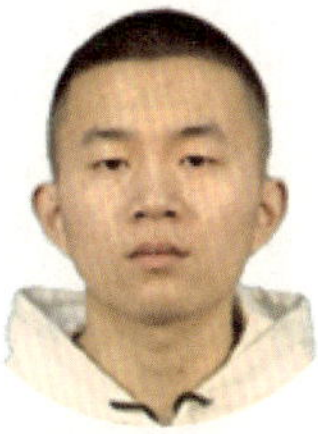

陈军根

工程科学学院博士

褚朝阳

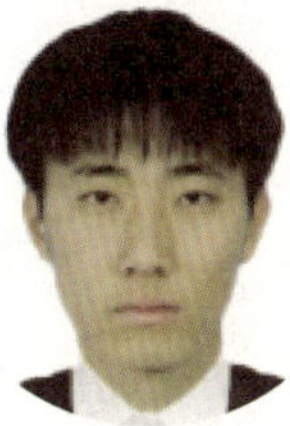

杨二杰

朱健和

陆益敏

刘生辉

STORY 创客故事

求学道路上，他主动选择拐了一个"弯"

与其他学子相比较，陈军根的人生轨迹稍微有那么点不一样，在求学的道路上，他主动选择拐了一个"弯"。而且，这个"弯"还真不小。

陈军根的本科是在常州大学读的，因他是合肥人，后来选择到中国科学技术大学读研究生。而他在常州大学的四年求学并非"一路畅通"，在大学二年级那年，他竟然"华丽转身"，报名进入了部队，当了两年义务兵。

两年军旅生涯结束后，他回到学校继续完成自己的学业，而后又辗转来到了中国科学技术大学，成了一名科大人。

一

陈军根这样的经历当然也称不上“神奇”,但乍一听难免还会感到有那么一点意外,甚至脑海中还会出现一连串的疑问:他为什么要去部队?两年军旅生活给他带来了什么?从常州大学考上中国科大研究生,他究竟有何过人之处?等等。

陈军根给人的感觉,一个字:稳。和他聊天,他始终保持着一副冷静的姿态。问他“为何从大学报名参军”?他的回答不是“青春报国”“好男儿志在四方”之类的豪言壮语。他说:“我就是觉得我要参一次军,到部队去。”不相信?再问,还是这样的回答,“就觉得该去一次吧。”似乎很平淡。而在此之前,他已经有过两次参军的尝试,但是,一直未果。这次终于成行,也算是圆了他多年的一个梦想。

梦想,就是用来追求的,如果没有执着的精神、追寻的脚步,也就不能称为梦想了。但是,参军入伍之梦,落在陈军根的身上,却有一种冥冥之中的感觉,因为他的名字里有一个“军”字,军根,军的根,何其的巧合?而据他所说,家人中除了舅舅,其他人都并没有行伍经历。

两年的军旅生活,对陈军根来说无疑是一次成长,甚至说是一次洗礼,用他自己的话来说,就是“相当于彻底成长了吧,我感觉我被磨碎了重新长起来的”。虽然只是短短的两年,但是,身体的磨炼,精神的焕发,让陈军根这位学子“目的感变强了”。而这,为他后来在中国科大的创新创业项目埋下了伏笔。

二

如果按照门类来划分,陈军根领衔的“双创”项目属于农业地膜领域以及日常生活领域——生物可降解薄膜,主要应用于地膜、购物袋、快递袋。“两高一低”是该项目的核心点，所谓“两高”，就是高拉伸强度、高透光率，“一低”指的是低雾度。当然，产品成本相对低一些也是项目的一个优点。

选择这样的“双创”项目，一方面与陈军根的专业方向密切相关，他长期从事高分子薄膜产品开发。同时，他与乐凯、金田等多家企业深度合作，对产业链的上下游比较熟悉。创业团队的6个人是清一色的博士，再加上中国科大专家的指导以及校外企业导师的帮助，这些都是陈军根创业的底气与源泉所在。

在陈军根眼里，“白色污染”依然是当今社会无法消除的痛。虽然早在2008年我国就出台了“限塑令”，意图限制和减少塑料袋的使用，遏制“白色污染”，而后又不断升级限塑要求。但是，15年的时间过去了，“限塑令”的成效却有限。如今，塑料污染已成为仅次于气候变化的全球性环境问题，给全球可持续发展带来极大挑战。

原因自然是多方面的，消费意识的问题、价格成本的问题、以次充好的问题、检测监管的问题。“改变不了世界，就改变自己。”陈军根决定从自身入手，将目光投向了“可降解膜”，而且是高性能的，有别于现有市场上的。把理论付诸实践，把实践转化为成果，把成果应用于生活，这是陈军根“双创”的逻辑，也是他的初衷所在。“做自己想做的事，人生更多了一种选择。”说这话时，陈军根一如既往的平静。

三

想干的事就全力以赴去干，做行动派，而不是口头革命派。陈军根多次尝试入伍而最终成行的经历，已经充分显示出他的性格特质。他有这份不服输的韧劲，有一种不达目的不罢休的勇气和骨气。

但是，做可降解膜，陈军根不是“第一个吃螃蟹”的人，他领衔的“双创”团队也不是开展这方面应用研究的首创者。不仅市场上已经有大大小小的公司，就是他们的师兄师姐中，也不乏这样的团队和研究案例。“比我们价格低的，我们和他们比质量、比工艺、比强度、透明度；和我们性能差不多的就比成本，看谁的性价比更高，走差异化路线。”这是陈军根团队的策略，也是他们的制胜之道。“人无我有，人有我优，人优我转。”陈军根并非“一根筋”，在经营上他完全有自己的一套。

新疆之行是他“双创”道路上一次较大的收获，用他本人的话来说是一次“意外之喜”。一次偶然的机会，团队伙伴得到一个消息：新疆种棉花需要用地膜，但是那个地方一般膜完全用不了，可降解薄膜用了很多款，也没一款用得了。这个消息激发了陈军根和他团队的好奇心，“我们研制的膜在内地试了，植物捅不破，太强了，一开始放弃了。但是，仔细考虑，新疆和内地不一样，种棉花对膜的需求也不同，我觉得这是个机会。”和团队充分讨论后，陈军根决定一试。

他迅速找中试线把膜生产出来，带着膜直接去了新疆。一开始铺地膜的时候，当地居民并不相信，甚至有人质疑这是假货，因为以他们的经历与经验，前几年试的过程中，无论是正儿八经的薄膜还是伪降解薄膜，

在那用1~2个月就破了，根本起不到保护植物的效果。这次，陈军根得到的要求是膜必须要撑过4个月。

4个月弹指一挥，实验最终取得了成功。可是问题又来了："不知道它什么时候会降解完？"陈军根打算再跟进了解一下，他预估需要8个月的时间。同时，让他心存疑虑的是："这次带去新疆的只有几百平方米的膜，如果下次铺大一点会不会产能跟不上？""如果来了订单，接还是不接？"这些都是他要面对、思考并且加以解决的问题。

不过，新疆之行无疑让陈军根团队对他们的"双创"项目又增添了一份信心。

四

从0到1很难，从1到100同样不易。对于大学里的诸多"双创"项目而言，从研究到成果，再转化变成真正的产品在市场中应用，其间有很大的鸿沟需要跨越，面临着很多的挑战与障碍需要克服。

陈军根说，中试遇到的种种问题和小试完全不一样，需要去一步一步分析，一步一步解决，请教业内人士以及老师，在实验室里想方案、找对策。对于他们的"高性能高强高透生物可降解薄膜"而言，目前已经完成项目进度的60%，还差正式生产迈入市场。但是，他也担心生产还会遇到很多新问题，比如成本控制、资金来源、市场现状、竞争态势、消费需求等。

他的担心自然不是多余的，恰恰相反，这是为人谨慎与作为团队负责人担当的体现。毕竟，与单纯的大学实验室的科研不同，真正的产品都是要经得起时间、市场检验与考验的，千锤百炼才有可能脱颖而出，经历风雨才能见到美丽彩虹。“是真名士自风流”，得不到市场认可的产品，等待它的只有被淘汰的结局，哪怕它性能再高、再强，价格更低。

迎接并战胜这些挑战，无疑需要足够的耐力、顽强的韧性、敢于迎难而上的勇气，还有解决问题的智慧。好在陈军根和团队具备这些可贵的品质，并正在为之协作、努力、奋斗。“一个人可能走得更快，但是，一群人可以走得更远！”

项目价值

本项目的生物可降解薄膜可广泛应用于地膜、购物袋、快递袋，核心点是超高的拉伸强度和高透光率、低雾度。与传统工艺不一样，基于高分子加工的物理原理，高强高透生物可降解薄膜是双向拉伸，性能很强。

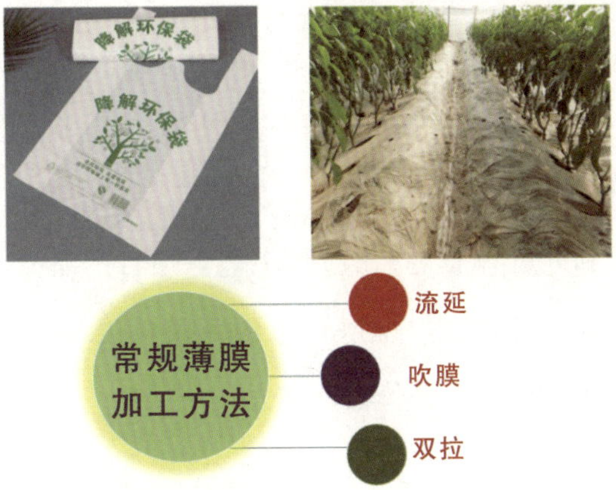

常规薄膜及加工方法

从技术与产品上看，利用双向拉伸法制备高强(>100 MPa)、高透光率(>90%)生物可降解BOPBAT薄膜，可以有效解决现有吹膜法制备产品强度差(<30 MPa)、透光率低(<80%)、成本高等行业痛点。

目前PBAT薄膜由于性能较差只能应用于对性能要求不高的领域，如包装膜、地膜。但是包装膜价格高、性能较差，市场接受难度大。目前市场上PBAT薄膜产品加工工艺为流延法和吹膜法，能制备更优异性能薄膜的双拉法由于技术原因难以实现。

参数	市场	自研
拉伸强度(MPa)	10~30	MD>60 TD>100
透光率(%)	<80	>90
雾度(%)	>20	<5

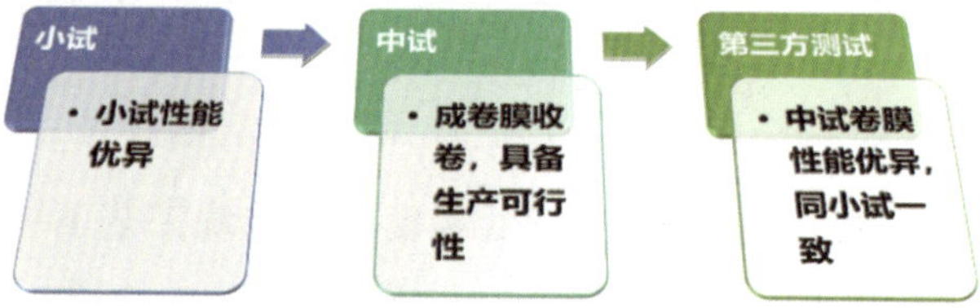

产品性能参数

该项目针对技术难题和关键问题，找到了独有的解决方法：调控分子量和分子量分布，获得更高的分子量和更宽的分子量分布，改善加工性能；平衡长链结构和短链结构，引入支链结构用于横拉过程中承力单元的生成；优化和匹配流延、挤出拉伸工艺。项目产品投入使用后，不仅能提升性能，也能节省成本，可以让塑料薄膜更强、更好、更绿色环保。这是该项目最大的特色，也是价值所在。

访谈心声

主持人:这种膜研究出来以后,最大的应用场景是什么?

陈军根:主要是日常购物袋,还有包装膜、保鲜膜,这是未来的方向。我们现在主要做包装袋,这是国家比较支持的。我们有一次做新疆的地膜,也相当于一个意外之喜吧。我们发现地膜的门槛非常高,对不同作物、不同地区,膜的种类都不一样。

主持人:结果怎么样,符合你们的预期吗?

陈军根:超出了我们的想象。新疆和内地完全不一样,我一开始放弃了,就是因为我们的膜在内地试了,植物捅不破,太强了。但是新疆要种棉花,一般膜完全用不了,到现在可降解薄膜用了很多款,没一款用得了。我向他们推荐说我们这个膜在内地完全顶不破,可以试一下。我本来都放弃这个方向了,觉得这是个机会,就试了一下。4月份得到这个消息以后,迅速找中试线把膜生产出来,带着膜去新疆铺到地里了。

主持人:看来你们生产的膜跟传统工艺不太一样,有自己的独特性。

陈军根:我们的膜用双向拉伸法制备,基于高分子加工的物理原理,它的性能就会很强。像市面上的膜强度是20兆帕,提升到30兆帕就是很大的突破,我们直接从30兆帕提升到100兆帕,工艺不一样。

主持人:有个现实问题:如果说超市现在售卖的膜或袋都能满足人们的基本需求,为什么要选择你这个更高质量的呢?

陈军根:其实我们这种价格并不贵,而且真的可以实现高强、高透、生物可降解。现在的膜看起来已经比较好了,但其实里面有很多都不是可降解的。

主持人:可降解和不可降解的从直观看有什么区别?能看出来吗?

陈军根:这个涉及的区别有很多,一是常用的拉伸强度完全比不了;第二个就是材料的手感,手感差很多;第三个就是透光率,因为可降解材料里面会加一点淀粉、碳酸钙什么的,以前使用的很多都是透明的,现在可降解的基本见不到透明的,除非价格好几万元一吨的,特别贵的,那种材料不适合做生活中常用的袋子。

主持人:价格可能持平,也可能价格更低一点,这也是你的优势所在吗?

陈军根:对。如果按照重量来算的话,我们的成本可能要高一点,但我们的袋子什么额外的材料都没有加,密度比一般的膜低。而且我们的是高强度,我们拉伸强度超过他们的三倍左右,如果我们减到四分之三、二分之一,就可以降低很多的成本。

主持人:你们这个项目从研究角度、创新角度已经完成了,但是完成中试,走向市场化、产业化,好像还有较长的路要走?

陈军根:是的。我们现在已经成立公司,做另一种膜了,相当于后期可能也会放到那个公司去生产。目前,产品还差正式生产就能迈入市场。我们也会担心生产中出现很多新问题,毕竟一次试验成本都需要很多钱,还有市场现状,现在整个市场不景气,可降解膜的推广其实是受阻的。

主持人:在项目全过程中得到过什么帮助吗?

陈军根:我们得到过很多帮助,如下游企业的对接联系、实验的完成以及中国科大雄鹰基金的帮助。其中,雄鹰基金帮助很大,对我们中试、下游市场推广都起到了很大的帮助。

主持人:畅想一下,如果项目真成功了,对社会生活会带来哪些便利?如果你实现了财富自由,最想做的第一件事是什么?

陈军根:首先能一定程度上缓解白色污染,人们用的购物袋也会更结实便宜一点,地膜也不用再回收了,省一笔回收费。如果真的实现了财富自由,我希望能够进行更多的关于环境保护的研究。

青春独白

科技强国,按照原来的世界秩序,工业桂冠全是欧美那边的,他们赚取最高的附加值。中国以前只能生产低端的一些产品。中国科技经过多年的发展创新,现在一步步摘下了很多桂冠,人民的生活水平、各方面实力都在不断攀升。对我们而言,我们必须做一些对国家现在、未来有用的研究,把自己所学、所知真正转化为有所用,这才是我们的人生价值所在。

专家点评

生活实践中存在着大量创业灵感和创业机会，如何在日常生活中发现它们呢？可以遵循以下几个策略：

◎ 测试假想：创业者应该测试他们的假设是否成立。这意味着要将想法付诸实践，看看是否能够解决实际问题或满足市场需求。

◎ 保持对新机会的敏感性和开放性，愿意接受和尝试新事物。这可以帮助创业者发现那些可能被忽视的创业机会。

◎ 永不停止学习：持续学习新知识和技能，这不仅能提升个人能力，还能在不断变化的环境中发现新的商业机会。

◎ 关注社会问题：关注社会问题和挑战，如环境问题、健康问题等，这些往往是创业灵感的重要来源。

◎ 改进复杂流程：在日常工作或生活中，寻找那些可以改进的复杂流程。

◎ 利用专业经验：利用个人的专业经验和行业知识来识别和开发创业机会。创业者的个人经历和意图可以影响他们如何识别和开发机会。

当然，良好的创业氛围可以激发创业态度和行为，影响个体对创业的看法和倾向，塑造良好的创业文化和环境是非常重要的。通过上述努力，创业者可以在生活实践中寻找到创业灵感和机会，并将其转化为成功的创业项目。

韩东成

中国科学技术大学创新创业导师、

安徽省东超科技有限公司董事长

祝愿每一位“新苗学子”永葆科大人的创新创业豪情，勇担民族复兴重任，争做强国“硬核”青年！

基于MPGD的质子放射治疗3D剂量测量

面对全球恶性肿瘤发病率居高不下的状况，迫切地需要运用一种定向性好、对健康器官损害低、治疗效果佳的新疗法，以满足病患需求，其中质子治疗由于其优异的性能，被公认为当前最有希望的治疗手段。其在早期前列腺癌、头颈部肿瘤等治疗中表现优异。相应地，我国很早就开始了质子治疗技术的引进，如今已在北京、上海、山东、广东等地已有多个质子治疗项目建成使用，同时仍有大量的项目在建设之中，相关产业具有很高的社会价值和市场潜力。

同时，相关国产仪器和解决方案起步较晚，剂量监测解决方案亦处在空白阶段，相关仪器主要依赖进口。其中计量检测设备相较于治疗加速器等可以借助现有科学装置技术的产品，技术要求更高，技术难度更大，相关进口产品没有自主知识产权，对于后期维护与进一步的升级都有巨大阻碍。

基于以上情况，项目组提出了一款基于中国科学技术大学核探测与核电子学国家重点实验室现有的微结构气体探测器及其配套读出电子学基础而研制的用于监测质子治疗中质子束流剂量的仪器，用以代替进口产品并填补国产产品在这一领域的空白。项目基于核探测与核电子学国家重点实验室拥有完全自主产权的热压接技术,研发大面积 Micro-megas 探测器,以极低成本、大面积、高位置分辨实现射线检测的高端医疗装置研发。

核心团队

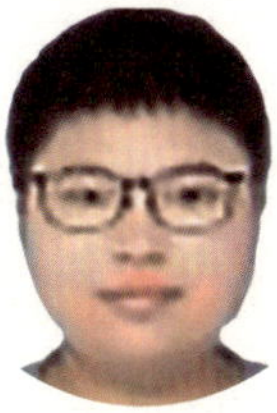

刘聪

物理学院硕士生

黄增轩

段文皓

单超

胡国梁

STORY 创客故事

勇敢跨界——做“定点爆破”设备监测者

曾经一段时间，社会上非常流行“跨界”一词。时至今日，“跨界”已经成为众多企业的发展之路。以人们所熟知的华为为例，它先后与汽车、矿山等多个产业的企业合作，涌现了诸多成功的“跨界”案例，进而对社会生活产生了不同层面的影响。

在中国科学技术大学，也有一批学子，他们在“双创”道路上选择了“跨界”，有的是跨学科，有的跨领域，有的则是跨行业。刘聪、黄增轩等人组建的团队，就横跨物理、医学等领域，通过不断研究，创新推出了“基于MPGD的质子放射治疗3D剂量测量”项目，得到了业内专家的一致好评。

跨界，让他们的求学及人生生涯多了更多的轨迹，也因此多了更多的成长空间。

一

2023年10月12日至10月14日，北京第十一届全国先进气体探测器研讨会如期召开。14日上午11时许，代表中国科学技术大学参会的刘聪在研讨会上做了“基于光读出Micromegas的质子治疗射束检测研究”的报告，引起了与会诸多专家的兴趣。而在当天下午学术会议最后的总结中，专家又特别介绍了他们团队的研究成果。

付出得到了肯定，成果被专家认可，这些都让刘聪感到激动与自豪，伴随而来充斥他内心的，更多的还是对研究方向的坚定，把产品做好做优的信心。

刘聪来自江西，早在高中的时候，他的心中就有一个疑问："听说过当时高端医疗设备基本上全部是进口，我当时就有疑问为什么不能实现国产？"这个疑问困扰了他很多年，也困扰了医疗界很多年，虽然直到今天，这个问题也没有得到很好的解决。但这并没有改变刘聪立志破解这一疑问的决心。他在中国科大物理学院读研，科研方向为探求新粒子，研发更高性能的探测器，不断寻求更高性能的研究。

黄增轩是中国科大少年班毕业生，是刘聪的师兄。他一直从事探测器的高能物理实验研究，配合导师参与了不少的科研大装置项目的研究。他们随着工作的互相配合，经常的交流，拉近了彼此的距离。一次机缘巧合，两人一拍即合，决定合作干点"大事情"。

说是机缘巧合，其实是来自合肥离子医学中心的需求。合肥离子医学中心是合肥市政府与中国科学院合肥物质科学研究院合作共建的项目,是一所集医疗、科研、教学于一身,以质子放射治疗技术为主要治疗手段,同时提供现代直线加速器放射治疗的现代化、国际化癌症治疗中心。除了合肥离子医学中心外,上海的一家医院也有类似的需求。

需求就是研究、开发的动力。刘聪和黄增轩组建了团队,在老师的指导下,将现有的物理探测器的研究延展到医学领域,他们打算为质子治疗贡献专业的力量。

二

毋庸讳言,多年来,癌症一直是威胁人类健康的"第一杀手"。和癌症抗争,寻求更好更有效的治疗方法、仪器、手段,是全世界学术界、医疗机构始终在追寻的目标。

按照学界的说法,手术、化疗、放疗是现代肿瘤治疗的三种主流手段。传统放疗是光子放疗,将高能光子对准肿瘤后,通过照射形成一条穿过病灶的"隧道"。但是,它只能控制方向和总体强度,无法控制不同深度的强度,这就使得射线在抵达肿瘤前,会对经过的正常组织造成不小的伤害。而质子放疗则可以通过布拉格峰效应,精准控制剂量深度分布,实现"定点爆破",大大减少放疗对正常组织的损伤。

质子治疗是粒子放疗的一种,其利用质子束攻击肿瘤细胞。当对同样大小的肿瘤实施相同剂量的照射时,接受质子束治疗的正常组织接收到的辐射剂量要远低于高能X射线治疗时受到的辐射剂量。经过医学物理专家团队预先精确的计划设计,质子射线在到达肿瘤病灶前,射线能量释放很少;到达病灶后,则在瞬间释放大量能量杀灭肿瘤细胞,提高对肿瘤细胞的治疗能力,同时极大减少对正常组织细胞的伤害。对肿瘤病灶的整个治疗过程就像是"量体裁衣",基本上接近理想的癌症治疗。

虽然是物理学院的研究生，但是刘聪跟合肥离子医学中心接触过很多次了，已经具备较为丰富的医学经验。对质子治疗，他说除了成本和治疗费用高是个“缺点”外，与传统的治疗相比优势是十分明显的：“时间短，精准度极高，且极大降低副作用。真实放射只有2分钟一个疗程，然后加上各种医院常规流程及设备移动等，大概30分钟。质子放疗后对身体基本没有什么副作用，半小时后可以直接离开，不需要像传统那样进行长期的副作用观察和治疗。”

目前，质子治疗在国内发展方兴未艾，国内有20多家质子医院在建设，未来还将建设40多家。但是质子治疗的发展还面临许多问题，最直观的问题就是如何确保发射质子束的安全性和准确性。为确保质子治疗装置的正常工作状态，并能产生治疗要求精度的数据，每一个质子治疗中心都需要建立一套严密完整的质量保证(QA)体系，并通过相应的QA设备进行质子治疗系统性能参数测量，确保设备性能保持在合理误差范围且满足临床治疗的质量要求。这些专用QA设备对于保障治疗精度，确保医疗照射安全以及整个质子治疗中心稳定运营是至关重要的。

令人遗憾的是，目前国内并没有质子治疗QA设备的国产化产品，所有QA设备完全依赖于国外进口，这就造成了质子治疗在国内发展存在以下几个问题：进口设备价格十分昂贵；售后维保十分不便；自主可控性差；国外设备的集成度欠佳；设备的易用性、便捷性及可扩展性仍有不足。

如何更高精度探测质子束斑输送的不确定性，确保最佳的质子射束控制，提高质子治疗的准确性？这些年，国内外都在开展这方面的研究。这时候，探测器就起到了至关重要甚至生死存亡的作用。黄增轩说，他所在的实验室之前在探测器方面有充足的技术储备，有专门制造的工艺,他一直在思考想把这种技术应用到更多具体情境之中。

之所以会想到医学质子治疗的应用场景,黄增轩给出了自己的解释:“我们的物理实验关注的就是粒子飞进来的轨迹,包括能量损失,能量损失是跟技术有关系的。为什么质子治疗有优越性?因为质子在气体中、在人体中,其能量耗散不是均匀的,它在有效射程之内,一开始消耗非常小,绝大部分能量会出现在末端距离,杀死癌细胞其实靠的就是这种粒子电离产生的能量,我们可以通过调剂它的剂量,相当于把能量耗散最大的点确定在病灶上的位置。”

用黄增轩的话来说,这一次他们做了擅长做的事情。

三

刘聪、黄增轩团队研发的“质子放射治疗3D剂量测量”基于微结构气体探测器,专业简称MPGD,是他们实验室的原创,也是独创。所谓3D

剂量,是指模拟质子在不同人体深度进行剂量检测,“我们不仅在一个平面进行测量,通过质子医院自主研发的水箱模拟人体水环境,将探测器与水箱结合,精确地移动探测器在不同深度进行束斑检测,以便更好地模拟在人体中的扩散情况来实现更加精准的治疗。”刘聪如此解释。

刘聪、黄增轩和团队伙伴们进行了相应的模拟:模拟不同能量质子束在水中的能量沉积,不同能量质子束在软骨肉瘤的能量沉积,并进行了Micromegas探测器的设计与制作,并携带探测器前往合肥离子医学中心进行测试。测试结果显示,光读出Micromegas对于九点医学笔形束的剂量流强线性结果达到99%的线性度,对于束斑大小的测量偏差低于0.5 mm,束斑之间的相对距离测量好于1 mm,达到了临床医学装备研制标准,证明光读出Micromegas进行医学质子束斑检测的方案可行性与高分辨探测性能。

而在此之前,为了最大限度地提高质子放射治疗中剂量测量的准确性和一致性,英国初级标准实验室国家物理实验室团队取得了重要突破:生产自己的高精度工具,用于测量和确保照射剂量;开发新的组织等效塑料材料,在测试阶段精确模仿人体组织,如骨骼和肌肉,用于光子成像和质子治疗。

方法不同,但是殊途同归。

每天一小检测,每周一中检,每月一大检。剂量检测的频次和精准度至关重要。刘聪举了一个形象的例子,“以坦克为例,他发射炮弹来进行定点爆破,但不知道什么时候上战场,但是我们每天会在训练场,让他打一发炮弹,通过评估他打出来炮弹的轨迹和能量,来评估他打得准不准,打得不准就返回去修,对于打得准的就可以随时上战场,我们就是观察和评估的那一个。”过程是复杂的,但结果是欣喜的——探测器达到良好的性能和效果。

"机会往往是留给有准备的人。"如今,刘聪、黄增轩团队的工作得到了质子医院物理师的认可,目前该工作已经在申请专利和发表论文;同时,对于更大面积的应用,也在进行产品研制。"未来我们打算携带该设备前往广州散裂中子源测试,团队也将以此设备开发伽马、中子等多种束流探测功能,来拓宽更广阔的市场。"说这话时,刘聪充满了自信。

项目价值

新型的质子治疗是使用质子射线进行放射性治疗的一种治疗手段,是当今世界公认的尖端的肿瘤放射治疗技术。医疗工作者借助电磁场操控质子穿过人体,质子与电子相互作用释放能量;通过指定布拉格峰的位置,对靶区肿瘤细胞造成最大打击。质子束与肿瘤形状和深度相适形可以实现良好的定向治疗效果。

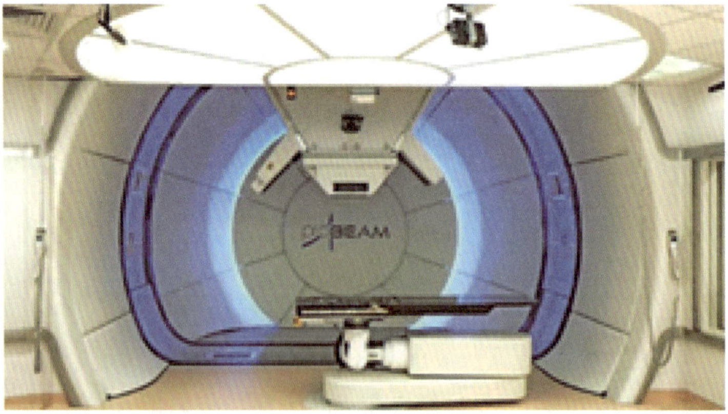

产品应用场景

当前,质子治疗的一大技术挑战是对质子束流的击中位置和能损进行监测,这是精准打击肿瘤并保护健康组织的必要技术措施。Micromegas是利用丝网和读出电极之间的雪崩放大区来倍增原初电子的气体探测器。该探测器具有高增益、高位置分辨率、高计数率、高时间分辨和能量分辨能力、抗辐照性能，是气体探测器的主流，具备多种成熟技术方案，适宜用于测量质子束流的位置信息和能损信息。

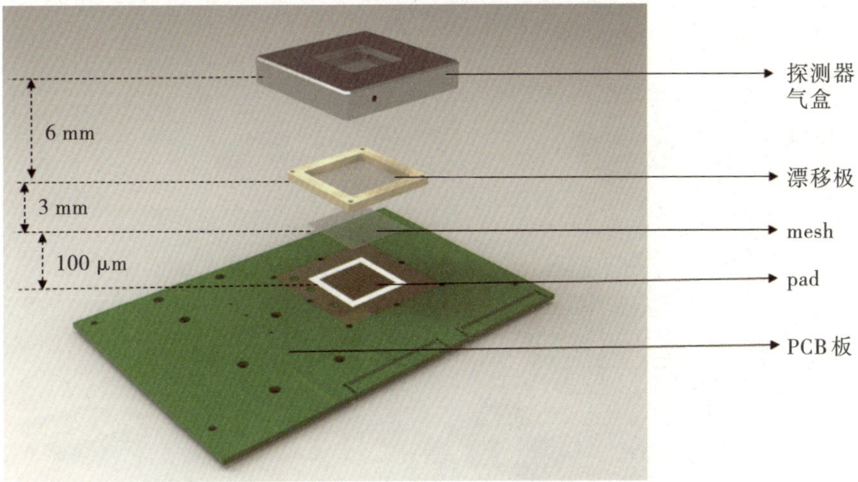

产品工作原理

本项目应用于国家重大需求领域，创新性地攻克新型放射医疗产业核心问题。基于Micromegas微结构气体探测器的质子治疗束流剂量监测仪，在核心器件上采用具有完全国产自主知识产权的解决方案，使得监测仪彻底实现国产化，填补我国相关仪器的空白，并且由于使用了Micromegas探测器，其指标可以达到世界先进水平。

项目开展新型放射医疗质子治疗射束的检测成像与质子高分辨测量等解决行业难点问题的关键技术攻关和原型装备研制，可推动肿瘤放射治疗和相关产业的技术研发，具有广阔的市场价值和重要的社会效益。

访谈心声

主持人：你们的项目听起来“高大上”，和老百姓的生命健康是息息相关的。

刘聪：是这样的，在2022年的时候，国家癌症中心有一个数据，显示中国的癌症数量是在上升的，传统治疗癌症方式的副作用是很大的，直观的有掉头发、呕吐。新型的放疗设施基于特有的原理——能把能量非常精准地控制在所需要控制的区域，也就是说它能全部聚焦在肿瘤的位置，这就是它的物理的优势。但是它有一个很大的问题，我们国内引进这个技术是比较晚的，在美国那边已经很普及了。

主持人：是靶向治疗吗？

刘聪：可以理解为非常精准的靶向治疗，这种技术我们国内目前研发还是起步阶段,我们只能引进设备。这种设备都是千万元级别的,我们希望做的就是对高端的医疗设备进行国产化。我们是对检测质子射束的高端医疗设备进行一个大面积低成本的国产化,同时提高性能与集成度的研发工作。

主持人:这种技术在国外已经有了,是不是我们希望自己有创新?

黄增轩:我们技术路线是不一样的。

刘聪:我们实验室具备成熟的Micromegas热压接技术,实验室下有对应工作室辅助批量制作,用微结构气体探测器运用于这个方向具有极强的理论依据。同时,我们的前期工作得到了合肥离子医学中心的高度认可,所以我们很有信心。

黄增轩:我再补充一下,提出技术需求的合肥离子医学中心那边,他们的老师是我们科大老师过去的。同时提出这个需求的还有上海一家医院。因为造价太贵了,他们引进需要几百万元,一损坏又要花几百万元。我们的老师非常希望自己的技术能够实现科技转化,刚好我们也想应用它,所以我们成立专门工作室去批量化生产。当时我们觉得还是有希望把这个运用到上面的,通过前期的两年基础准备,目前来说它是非常适合的。

主持人:你这个要是成功的话,是一个很成熟的产品,可以解决很多问题。

刘聪:目前,我们已经有两个成熟的方案作为我们的技术路线,已经证明了其具有独特的优越性,并可以大幅度降低成本。

主持人:如果做成了,售价大概是多少?

黄增轩:这个不知道,目前我们没有量产。

刘聪:单从设备成本来说,绝对可以控制到百万元以内,因为我们这个是气体探测器。

主持人：从理论上可行到真正产品化，大概需要多长时间？

黄增轩：现在理论上已经可以了，它脱胎于物理实验。现在要努力的是工程化这一步，这里面还有很多问题要解决。例如产品的设计、产品机械结构的设计。还有气体探测器的问题要解决，就是气体一直是通的，所以我们气道要一直开着，包括我们要有高压模块。如果一束粒子在气体里面发生电离，它的能量是非常小的，我们要有非常高的电压让它成倍地放大。

主持人：理论成熟了，就看有没有伯乐能把你们这个项目变成一个能上市的产品。

黄增轩：我们希望把科研的技术应用到商业上，从商业上赚来的钱反哺科研。

主持人：你们的路径很清晰。

刘聪：这个可能也是跟老师的引导有关，老师觉得这么好的探测器，是否可以扩展应用到我们的日常生活呢？当你在生活中发现它有用，你推动这个事情的发展，本身也是一种科研，只是角度不一样。一个是为了高能物理实验，一个是为了更好地生活，这也是一件很有意义的事情。

黄增轩：对我个人来说意味着科研成果转化，能在社会中发挥更大的价值，能为高端医疗设备的国产化做贡献，使我能感受到自身做的事情很有意义。

青春独白

科研成果转化一般是老师们去考虑的，或许我们能做的是从一个很小的方面去做到更好，申请专利和发表论文与国外来竞争，同时在新的领域实现科技的突破以实现超越。但是，从创新创业的未来考虑，这是一个我们自己的科研成果转化，我们能将这个设备价格进行大幅度降低，同时实现更高性能。在质子治疗发展方兴未艾的今天，防止被“卡脖子”而进行国产化研究，这能造福更多人和家庭，减少国家的医疗财政负担。总的来说，这是一件用自己的研究来为社会、为国家带来很大价值、很有意义的事情，也是我认知的最好青春报国方式。

专家点评

本项目的创新属于工艺创新。工艺问题在未来创新中扮演着关键角色，这一点在多个领域都得到了体现。

生产工艺流程，是指在生产过程中，劳动者利用生产工具将各种原材料、半成品，通过一定的设备，按照一定的顺序连续进行加工，最终使之成为成品的方法与过程。工艺原则是：技术先进和经济上的合理。由于不同的工厂设备生产能力、精度以及工人熟练程度等因素都大不相同，所以对于同一种产品而言，不同的工厂制定的工艺可能是不同的；甚至同一个工厂在不同的时期做的工艺也可能不同。

工艺创新将在未来相当长时期内作为核心创新领域。工艺创新指通过研究和运用新的方式方法和规则体系等，提高企业的生产技术水平、产品质量和生产效率的活动。如何改进设备、优化迭代设备，以及如何更好地提高设备使用效率，都属于工艺创新的范畴。

比如芯片制造的核心工艺就是光学微纳加工，其作用是将掩模版上的图形转移到待加工的基片上。受限于光学衍射极限，传统技术主要通过缩短光源的波长、增大光学系统中物镜的数值孔径来提高分辨率。然而，缩短波长导致光源、光学系统、掩模版、光刻胶等各个环节都将重新研发，需要投入大量的人力和物力。我国在先进光刻机研制方面与西方国家差距较大,且受到严格的技术封锁和专利壁垒限制,进一步发展的关键就是快速解决大量工艺难题,实现工艺创新。

工艺问题不仅是制造业中的核心挑战,也是未来创新的关键所在。通过解决这些工艺问题,可以推动技术进步,实现产业升级,增强国家的竞争力。

傅兆吉

中国科学技术大学创新创业导师、

安徽心之声医疗科技有限公司创始人

创新创业，吾辈之诗与远方也。诗吾诗以及人之诗，远吾远以及人之远。

基于WEBXR的科学可视化3D虚拟仿真平台

“美丽科学”是一个由中国科学技术大学、清华大学及海归硕博士精英组成的跨学科团队。专注于科学与艺术的结合，该团队自主研发了一系列科学可视化的内容和平台，凭借其创新能力在国际科学文化教育领域占据了领导地位，并荣获国家高新技术企业认证及安徽省“特支计划”创新领军人才团队的称号。

该项目的核心在于运用尖端WEBXR技术，构建了一个具有国际视野的科学可视化平台，支持在Web环境中跨平台展示科学设备、原理、实验场景及科技文化遗产。通过沉浸式3D体验与互动探究，该平台不仅适用于在线虚拟旅游，还能服务于科技与博物场馆、学校教育，有效解决了科技艺术数字创意内容稀缺及场景应用升级的问题。

“美丽科学”不断推陈出新，探索科学与艺术融合的新领域。创新的科学可视化内容和产品，不仅助力前沿科技的国际传播、科技文化的数字化传承，还促进提升公众的科学素养，推动科技与文化的深度融合。

核心团队

孙大平

公共事务学院博士

孙松

张欣宇

顾斐

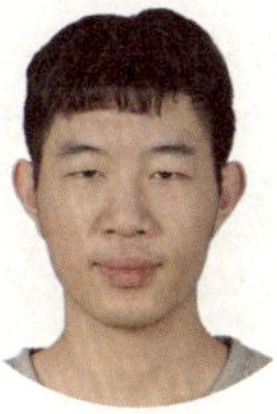

孟润宇

梁吉盛

STORY 创客故事

“美丽科学”让科学的美丽触手可及

对于大众而言，“量子计算机”这一科技界的“巨人”往往让人感觉高深莫测，“光量子通路”“量子比特”“超级叠加”等术语在新闻报道中屡见不鲜，但它们对大多数人而言仍旧是晦涩难懂的专业词汇。2021年10月，一条名为《九章》的科普短视频在B站、抖音等平台上爆红，这一硬核科技知识的创新性传播方式，迅速赢得了公众的关注和喜爱。

在短短的时间里，这条视频的播放量迅速突破千万，屏幕上的弹幕充斥着观众惊叹的赞誉——

“我虽然看不懂，但我深受震撼！”

“这太科幻了，那密集的算盘珠配乐和光路让人印象深刻！”

“又一次看到潘建伟教授的身影，向中国量子计算机的进步致敬！”

《九章》通过虚拟仿真和3D技术的魔法，巧妙地将量子计算机的复杂结构和工作原理转化为了直观的视觉盛宴，让光量子在通路中的旅程变得既生动又易于理解。这不仅让“量子九章”在公众心中有了清晰的形象，更重要的是，它展示了科学探索与艺术传播相结合的巨大潜力。

而在这一幕幕背后，是一群来自中国科学技术大学的年轻学子——“美丽科学”团队。孙大平，团队的核心成员，在接受我们采访时，深情地分享了他们的创作初衷：“我们的目标是消弭科学与大众之间的距离。虽然量子计算机的原理复杂难懂，但我们坚信，通过创意与技术的融合，能够将这些原理解释得既精确又引人入胜。我们的梦想是，让科学的美丽触手可及，让每个人都能体会到科学的美妙。”

让科学“跃然纸上”的初心不改

孙大平的创业旅程，充满了对科学创新领域的深厚热情。他的故事始于2008年，当时他怀揣着对科学传播的热爱，从中国科学技术大学科技传播专业毕业后继续深造，在2011年荣获硕士学位。

尽管内心充满梦想，孙大平在父母的期望下，选择了一条看似安稳的职业道路，加入了一家事业单位，这仿佛是一枚被精确投掷的回旋镖，沿着预设的轨迹稳健前行。

但是，在漫长加班后的夜晚，独自行走在冷清的街道上，孙大平感到内心的空虚。孙大平微笑着回忆说：“曾经的我，立志要成为科学教育界像‘董宇辉’那样的人，但是那个年轻人，似乎和我渐行渐远。”在无数个深夜的自我对话中，他的初心和梦想不断在心中回响。

终于，在2014年，孙大平决定听从内心的呼唤，做出了改变人生轨迹的决定。他毅然辞去稳定的工作，转而加入中国科大先进研究院新媒体研究所，担任主任助理。在那里，他致力于搭建一个融合产学研的一体化平台。这次,他所投掷的回旋镖,带着一圈更广阔的弧线,最终又回到了起点——那个对科学教育充满激情的初心。

美丽科学,开启化学世界的视觉盛宴

孙大平的决定,虽然步步惊心,却也步步为营,在科学与艺术之间,开辟出一片充满潜力的新天地。

他回首创业之初,感慨万千:“在科学家的眼中,科学远不只是枯燥的公式和理论,它可以是充满活力甚至是富有美感的。我们团队做的事情就是要颠覆那种认为科学难以理解的陈旧观点,让科学从沉闷的课本中‘跃然纸上’,实现科学的‘可视化’。”

所谓的“科学可视化”,这个概念虽深奥,但简言之,就是将复杂的科学现象和数据通过视觉艺术的形式呈现出来,帮助人们更直观地理解科学。这一理念在1987年就已经由美国提出,我们熟悉的电影《阿凡达》中就可以看到它的精彩展示。电影里,潘多拉星球的生态系统通过3D建模、体积渲染、矢量场的表达等技术手段,让观众仿佛亲临其境,感受到一个异世界的生命力。

孙大平至今仍清晰记得,当他观看完《阿凡达》并走出电影院的那一刻,他深刻领悟到科学与视觉艺术结合的强大潜能。他认识到,“艺术的介入不仅是对科学传播的必要补充,而且它的力量足以让科学沟通变得更加鲜活和引人入胜”。正是这一顿悟,激发了他在2015年8月携手一群同样热衷于科学传播的伙伴,共同成立了“美丽科学”团队,旨在将科学的严谨与艺术的美感融为一体,让公众以全新的视角感知科学的魅力。

2014年10月,“美丽化学”项目作为团队的首个探索性作品,在美丽化学官网隆重发布,并同步推出了包括中文、英文、法文、日文等多语言版本。“美丽科学”团队的这一创举,不仅为公众打开了一扇探索化学世界的新窗口，团队收获了不同国家师生们极大的热情与肯定。

"'美丽化学'带我们走进显微视角下的世界，还认识了元素周期表里15种元素，我觉得非常美丽。"

"我更加直观地看到各种各样化学反应，让我真正地认识了科学世界，希望以后也能亲自观察到更多的矿石标本。"

"显微镜下也藏着一个小小的世界，当一个肉眼都难以看到的物体，孔雀的尾羽、含有不同化学元素的矿石被显微镜放大数倍，会呈现出非常有趣的景象。"

"美丽化学"意外地在全球200多个国家和地区引起了热烈反响，迅速被超过150家主流媒体所报道。

美国国家科学基金会的"国际科学可视化专家奖"、美国"国家地理"全球年度十佳视频奖等国际科学可视化领域的奖项纷纷颁给了他们，这不仅为孙大平和他的团队带来了巨大的信心和成就感，也激励了更多的竞争团队效仿和尝试，采用类似的方法来传播科学知识。

等风起，点亮科学教育之路

“美丽化学”项目的成功，为孙大平和他的“美丽科学”团队赢得了广泛的赞誉。尽管外界对他们的创新给予了极高的评价，但资金的紧张和缺乏清晰的商业模式，却给团队的发展蒙上了一层不确定性的阴影。

在这段艰苦的时期，孙大平和他的团队面临了巨大的挑战。对于孙大平来说，一个问题始终重重地压在他的心头：如何找到正确的发展路径？如何将他们在科学可视化领域的概念转化为实际的产品和服务，实现商业化，确保团队能够持续发展？

随着新的教育课程标准的改革，他们看到了新的发展机遇。自2017年底起，孙大平带领团队开始构建一个专门为中小学生设计的科学可视化教育平台，并开始与行业界和用户积极交流。

孙大平坦率地分享了那段艰难时期的经历：团队投入了大量资源，但如何构建一个稳定的商业模式仍然是一个未解之谜。在缺乏明确的政策支持和前景不明的情况下，孙大平只能坚守信念，安慰自己坚持就是胜利，相信只要不放弃，总能找到克服困难的方法。

孙大平和他的“美丽科学”团队，不追逐短期热点，而是坚守信念，坚持做有长远价值的事业。凭借对教育科技深刻的洞察和不懈的追求，在中小学科学教育领域取得了显著的成就。

打开“美丽科学”这个创新的教育平台，小学生得以见证一个奇妙景象：蘑菇从菌袋中萌发，慢慢地、精致地展开它们的生命过程。延时摄影的巧妙运用，把学生们引领进入一个充满神秘的菌类王国，观察到蘑菇生长的每一个细节，感受到自然界中生命的奇迹。

美术课堂也被重新定义，教学呈现了另一种可能：微距摄影技术让学生能够近距离地观察水墨在宣纸上流淌、晕染的过程。水墨与纸张相遇的瞬间，仿佛是艺术与科学的完美对话。

而在探索课文《天上的云》的学习之旅中，VR全景漫游技术犹如神奇的翅膀，带领学生们飞跃至云端，仅需轻触屏幕上的箭头，学生们便能够实现360度的自由旋转，全方位地体验和感受层层叠叠、变幻莫测的云层环境。

而当我们深入历史的长河，3D虚拟仿真技术的妙用更是让古代智慧的结晶——指南车，得以在现代学生面前复原、重现。这项古老的科技装置，在虚拟的世界中被赋予了新生，让学生们不仅能够触摸到历史的脉络，更能直观地理解和感悟古人的智慧与创造力。

“美丽科学”平台通过这些独特的视觉体验，展示了科学与艺术的和谐统一，这样的教学方式，不仅深化了学生对课文内容的理解，也极大地拓展了他们的想象空间，也为学生们创造了一个更加生动有趣的学习氛围。

虽然所谓的“风口”并未如期到来，但孙大平与团队已做好准备，在接受采访时，孙大平坚定地表示：“我们坚信，教育科技的发展不应仅仅是追逐瞬息的市场热点，而应长远考量，致力于对社会有益的事业。我们从未放弃，始终在不确定的市场中寻找机遇，不断推进教育科技的创新与发展。”

引领数字创意企业的创新之旅

随着《关于推进实施国家文化数字化战略的意见》等关键政策的颁布，科技创新与科普教育被并肩推上了国家发展战略的优先序列。文化与科技的深度融合，正为科技文化和科学教育的数字化转型注入强劲动力，并受到了前所未有的重视。孙大平，作为科学教育和数字展示领域的先行者，对自家的技术与产品充满信心，他敏锐地感知到了新时代的发展曙光。

回顾2020年，“美丽科学”团队凭借共同的愿景，创办了一家充满活力的数字创意企业，并打造了一个1200平方米的尖端科学可视化技术实验室与现代化办公环境。孙大平描绘了企业的双轨产品战略：一方面，致力于开发面向中小学生的科学教育数字产品；另一方面，运用前沿技术打造数字化展览项目。在这一战略指导下，企业已与中国科技馆、上海科技馆、合肥科技馆等知名机构建立了紧密的合作伙伴关系。

随着时间的推进，科技与艺术的结合在中小学科学教育领域中悄然生根发芽。到了2023年秋季学期，依托于五年的研发经验，加之不断的技术创新与升级，孙大平带领的“美丽科学”科学可视化教育平台推出了备受期待的9.0版本。该平台已在全国超过17000所中小学广泛应用，凭借其深受师生喜爱的高品质虚拟仿真、超高清沉浸式体验以及线上线下融合的教学模式，赢得了业界的一致赞誉。

我们注意到，孙大平的微信朋友圈最近成了点赞的聚集地，尤其是两则消息格外引人瞩目。首先是美丽科学与华为的再次合作，通过运用华为Mate 60系列手机的尖端技术,记录下物质变化过程中的壮丽瞬间。这番合作通过微观视角展现四季更迭的美妙,让我们以全新的视角领略自然界的华丽变幻,进一步昭示了科学的无穷魅力。其次,备受期待的《小动物的大秘密》系列微纪录片正式上线,这一系列由中国科协科普部与美丽科学联合制作,揭示了那些貌不惊人的小动物背后的惊人秘密。

展望未来,孙大平和他的团队所创立的"美丽科学"公司,已经在技术革新和产品开发上取得了0到1的显著成就,实现了从0到1的突破。孙大平计划下一步将加大资本运作和市场渠道的拓展力度,充分利用当前政策利好和行业发展的黄金期,旨在打造一个强有力的品牌影响力,并在市场竞争中稳固其领先地位。

让我们满怀期待,希望看到孙大平领导下的"美丽科学"迈入1到100快速成长的新阶段,从初创的单一成果向着成熟的多元化产品线发展,从技术创新过渡到实际应用的广泛推广,再到商业模式的全方位拓展,实现企业稳健成长。

项目价值

"美丽科学",作为一款顺应元宇宙时代潮流的创新产品,基于WEBXR技术打造了一个科学可视化的3D虚拟仿真平台。该平台不仅集成了高级的科学可视化算法引擎、跨平台WEBXR虚拟仿真显示技术、内容编辑管理系统,还包含了用户数据支持系统,提供了一个全面的互动科学学习环境。

平台支持多平台交互,特别注重展示具有中国特色的科学可视化内容,兼容各类VR和AR设备,为用户提供3D互动体验和探索的可能。它不仅能够在线上实现沉浸式的虚拟游览,还能够在科技馆、博物馆以及中小学校课堂中得到应用，有效推动中国科创文化的沉浸式展示、传播和教育。

科技与文化的深度融合，对提升青少年科学素养至关重要，互联网时代更需科学可视化与沉浸式体验相结合，以满足新一代的教育需求。“美丽科学”利用视觉艺术的力量，生动再现中国科创文化的精髓，从沉浸式的感知和探究中讲述中国科创的故事，激发青少年好奇心和想象力，增强科学兴趣、创新意识，使科创文化在每个人的心中“活起来”。

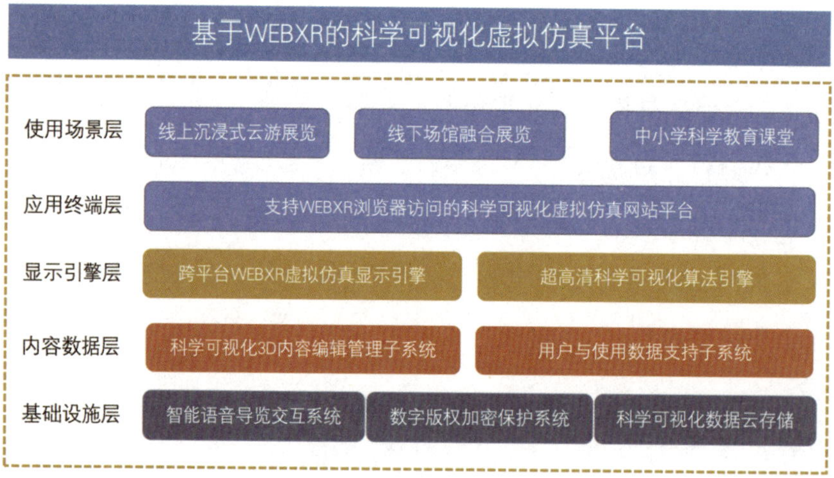

科学可视化虚拟仿真平台体系图

访谈心声

主持人：你们的教育平台主要针对中小学教育哪一部分的内容？

孙大平：以小学“科学”课的正式课程内容为主，兼顾到“三点半课堂”。

主持人：这块竞争还是很激烈的。

孙大平：是的。2017年2月份时，全国小学“科学”的课标新改版，要求“科学”课成为一门基础课，这样产生新的机会，我们团队迎来了一次发展机遇。

主持人：课程是国家教育部门从你们公司购买吗？

孙大平：不是购买。整个平台内容的知识产权都属于我们公司，由教育部直属的教育科学出版社签署唯一授权联合研发。我们的优势就是技术和内容，他们根据教学规律提出专业的建议。

主持人:在展览馆业务方面,你们是采用什么样的科技创意和手段?

孙大平:主要是用科学可视化的技术,把自然科学之美、科创之美,以影像、设备、课程、出版物的方式,把它们集成到展览馆或实验室里去。

主持人:现在展馆的需求有多大?你们是怎么进入这个业务中的?

孙大平:最早的展览展示定义很狭隘,就是装修装饰工程。但展览展示是一个综合复杂的大工程,从最开始的概念设计到展览展示的布展设计,到设备的采买,到整个施工及后续的运营。其中最具价值的部分应该是展览的内容。其实,“美丽科学”科技艺术融合的理念所产生的内容非常符合科技馆、文化馆、展览馆升级的方向。我们最开始没有太多的资源,只能做前端的概念设计,等我们的创新设计被客户认可和发掘之后,他们就邀请我们更多尝试进行数字内容的创意设计、沉浸式数字展览展示等,比如跟中国科技馆、上海科技馆、合肥科技馆合作,全部是从内容视角切入。

主持人:你们的企业现在做得还是不错的。如果做得不好,是不是会后悔当年的选择?

孙大平:谈不上成功,至于有没有说偶尔后悔,肯定是有的。但是最后就像董宇辉讲的那样,一件事情你觉得你是对的,你一定要有韧性。创业,第一要有韧性,创始人要有韧性,团队要有韧性,百折不挠,这是第一位的。

主持人:在创业过程中有过崩溃,或者怀疑自己的时刻吗?

孙大平:沮丧的时候当然是有的,但崩溃不至于。我们公司成立之初时的状况相比很多小公司来说已经很难得了,投资方对我们还是很宽容的。但是再宽容,它是一家企业,之前我们在书上看到的企业经营的本质就是为了竞争力和利润,这句话其实当初没什么概念,但是真的创业之后你才发现,不管创新也好、产品化也好,全部都是为了企业可持续的利润来服务。

主持人：在你看来，为什么会专注在提高青少年的科学素养这件事情？在一个人的成长过程中，你怎么理解科学素养的价值？

孙大平：不可能人人成为科学家，但培养一个人的科学素养对他未来的生活和工作都有很大的帮助。第一，会促进他将来从事科学家或者是与科学相关的工作，或者培养在工作中使用科学思维解决问题的习惯。第二，当这个社会形成注重提升科学素养的整体氛围以后，我们会发现不管是个人参与社会事务，还是参与国家科技创新的发展，整个社会的参与度都会加强。

主持人：你曾经说过如果实现财务自由，你最想做的事是提升偏远地区青少年的学习环境，给他们提供更多的学习机会。是什么触动了你去做这样的事情？

孙大平：从2015年到2018年，我们团队有机会深入到贵州、湖北的一些偏远山区，看到国家尽管在教育环境建设投入了大量的力气，但是还是缺乏长期稳定的师资力量。我们欣喜地看到科学可视化项目让学生能够真正以自主的方式接触外部世界，成为他们看世界的引路人。除此之外，我更想成立一个“美丽科学”奖学金，以另一种力量帮助更多的孩子。

青春独白

“科技强国”不仅仅是指一个国家在科学、技术和创新方面具有高度竞争力，更重要的是要从孩子抓起，从小培养他们对科学的好奇心和想象力，以及对科学文化的认同感。作为一名起步于中国科大的青年创业者，我深知科技的力量和创新的价值。我希望通过我们的努力，能够为社会带来更多的便利和改变。我梦想着能够给中小学科学教育带来更好的数字化体验，让孩子们从小就喜欢科学文化，持续提升对科学的好奇心、想象力和探求欲。我相信，培养孩子们对科学的热爱和认同，将会为未来的科技强国打下坚实的基础。

专家点评

"美丽科学"团队的科学可视化技术重现那些因为速度太快或太慢而无法被肉眼感知的科学现象，这使得他们创作出一系列展现科学之美的原创作品。这些作品能够展现复杂的科学结构和数据，使得抽象的科学概念更加直观和易于理解。因此提供了一种全新的交互体验，让用户能够以更深入的方式与科学内容互动，增强了科学可视化的沉浸感和参与感。通过创新的视角和表达方式，将科学知识以更吸引人的形式呈现给公众，尤其是青少年，以激发他们对科学的兴趣和探索欲望。通过这些创新方法和技术，"美丽科学"团队成功地将科学知识以更加生动和吸引人的方式呈现给公众，提高了科学教育的质量和效果。

项目仍存在不少需要提升的方面：一是对于视觉效果的不断追求可能导致内容生产成本趋高，且对设备和内容制作团队需要较大投入；二是科普内容市场竞争激烈，高成本可能导致较大的市场竞争压力，需要不断创新和提高内容质量以保持竞争力，这又会产生更高成本；三是科学教育市场还有待培育，大众对于科学教育的认知有待提升；四是目前知识保护机制还有缺失，消费者对原创内容的尊重不够，导致原创性内容的付费动力严重不足，长期而言会严重影响内容生产。这些不足可能对公司的长期发展和市场竞争力产生影响，需要公司通过战略调整和资源优化来解决。

曹宪生

中国科学技术大学创新创业导师、

安徽创谷股权投资基金管理有限公司高级投资副总裁

科技成果要转化为现实生产力才更有价值。人生能有几回搏，愿有志于双创的每位学生抓住机遇，敢于创新，不怕挫折，享受过程，磨砺自我。

金雀智能：手术麻醉智能化时代开创者

近年来，人工智能与深度学习技术领域蓬勃发展，专注于知识记忆与推理关联的深度学习技术已经渐趋成熟，特别是近期流行的语言大模型相关技术，已能够生成符合人类语言习惯的对话内容，基于深度学习等人工智能技术的智能化麻醉将迎来巨大发展机遇。

金雀智能依托国家级人工智能平台与全国首家智慧医院，历经6年攻坚克难，率先研发了全球首套手术麻醉智能辅助系统。产品涵盖生命体征并行智能感知和专业知识自适应导航两大核心功能，能够以软硬一体机的形式在术中辅助麻醉医生进行临床决策。

核心团队

程明月

计算机科学与技术学院博士

李徵

毛清扬

创客故事

为手术室的“隐形侠”加魔法

麻醉医生——手术室里的“隐形侠”

医疗界有这么一句话：外科医生治病，麻醉医生保命。在很多外行人眼里，麻醉医生就是一群做后勤保障的医生——配药、消毒、打针、等病人睡着，利落收工。其实，他们才是手术室里真正的无名英雄。

论专业技能,除本专业外,麻醉医生还需要掌握全面的病理知识,有着丰富的危重症治疗经验和过硬的急救技能;论劳动强度,每台手术,他们最早到、最晚走。手术开始前,他们得给病人量血压、量脉搏,做全方位身体检查;主刀医生走下手术台,并不代表麻醉医生的工作结束,他们还要对患者生命体征进行全程监护,术后还得跟踪病情恢复情况。所以,麻醉科医生又被称作手术室的"隐形侠"。

这么重要的"大侠",应该都有超能力吧。

可是,笔者在一篇名为《过度劳累是中国医生无声杀手》的文章中看到,麻醉科医生的猝死占比为26%,远远高于业界同行。最根本的原因是:太累了。

网络上有一部医疗剧叫《麻醉医生》,就聚焦在麻醉科医生的工作上。男主萧政勋是一名麻醉医生,剧一开始,就在事无巨细地表现一个麻醉医生的工作常态。他总是一脸疲态,脚步匆匆,因为所在医院的日班麻醉医生只有他一个,一天要负责好几台手术,一个月多达两三百台手术。只见他不间断穿梭在不同的手术房,检查、询问,发现问题、采取措施,危机刚刚解除,下一台手术又开始了。

这不仅是萧政勋一个人的困境。据统计,中国只有8万多名麻醉医生,按照美国医疗界麻醉科医生的配比标准,我国麻醉医生缺口约30万人。一位麻醉科专家曾说:"麻醉科医生就像在风暴里,拉着一条生与死的风筝线,不断提醒自己,再累,也要清醒。"这话听上去又坚强又心酸。

如何解决目前麻醉医生工作强度大、工作时间长的问题,智能化麻醉辅助医疗或许是一条解决路径,有可能改善麻醉科医生过劳的工作情况,提高工作效率,缓解医疗资源短缺等问题。

一个项目的天时、地利与人和

中国科学技术大学一位叫程明月的博士，6年博士期间都在做同一件事——研发业界首套手术麻醉智能辅助系统“金雀智能项目”，依托国家级人工智能平台与全国首家智慧医院，利用人工智能赋能手术麻醉，助力提升我国手术麻醉的医疗质量。

程明月博士的研究方向是以人为中心的序列数据挖掘方法及应用，包括基于患者生理时序数据的智慧医疗、基于用户时序行为的推荐系统、面向人类语言文本的基础大模型。

人工智能无疑是当下创业极为热门的赛道之一，在各领域都有应用，为什么程明月会选择这一领域去做深度研究呢？毕竟，医疗器械的研发与投产，是出了名的周期长、投资大，创业过程中还会有各种科研人员不可控的困难与风险。

程明月坦言，首先是因为天时。始建于1898年的安徽省立医院于2017年12月正式成为中国科学技术大学附属第一医院，程明月正好是2017年入学，他所在的实验室也于2018年和中国科大附一院建立了智慧医疗大数据研究中心，中心工作的大方向就是研究人工智能如何助力解决临床问题。“把论文写在祖国的大地上是新时代科研工作者应该承担的责任和使命，学校有号召，实验室积极响应，正好附一院的手术麻醉科主动找到我们，提出了一些实际工作中的困难与学科发展构想，项目就一拍即合，正式启动。”

程明月说，虽然项目开展已有6年，但严格意义上说，整个项目的构想已超过24年。金雀智能项目的起点，来自中国科大附一院麻醉科的谢言虎主任，程明月对他赞不绝口，“谢主任是一个非常有想法的人，不仅作为麻醉医师经验丰富，更难能可贵的是，他对人工智能也有自己的理解，能够用人工智能思维来思考整个项目的推进，特别难得。”程明月坦言，为了项目的调研与开展，他跟全国很多专业医师交流得都很深入，“可以说，论学术水平谢主任可能不是最高的，临床经验也未必是最丰富的，但在与人工智能的结合上，谢主任是少数能够思考很深入、很清晰的人，所以谢主任也是我做这个项目的‘人和’。”

从最初的乙醚麻醉到现在各种麻醉药物和技术的广泛应用，麻醉技术一直在进步，手术的安全性和患者的舒适度也都在逐步提高。但传统麻醉技术仍存在一些问题，如药物剂量的精确控制、患者个体差异、手术过程中可能出现的并发症等，这些之前全部依赖于麻醉师的经验。

而智能麻醉系统，是一种集成了先进传感器、数据分析算法和人工智能技术的医疗设备，能够通过实时监测患者的生命体征、药物浓度等关键指标，自动调整麻醉药物的剂量和给药速度，以确保患者在手术过程中始终处于最佳麻醉状态。此外，还能够根据患者的个体差异和手术需求，制定个性化的麻醉方案，提高麻醉效果和安全性。

程明月用一句话介绍自己项目的目标：要做麻醉医师的“眼”，帮他看；做麻醉医师的“脑”，不断匹配适合这个患者的专业知识；将来可能还要做麻醉医师的“手”，帮他们控制剂量。

众所周知，人工智能的研发最重要的就是能掌握大量数据。金雀智能项目要想实现那么多项目目标，前期肯定需要众多医疗设备的开源数据做整合，这也是非常不易做到的。程明月坦言，项目也多亏中国科大第一附属医院这个“地利”。

“聊到前期收集数据，过程还是比较心酸的。比如像西门子这样的大型医疗企业，是不愿意把数据开放出来的，但没有数据我们就没法开展研究工作。好在有附一院这座‘靠山’，联合其他医院，要求众多医疗器械厂商开源本院的数据，才得以把项目一步步推下去。真的很感谢医院协同支撑我们做这项研究，否则依靠我们几个博士生，光有理论行不通。还有我们实验室的老师们，也给了全方位支持。总之，是因为有科大这个‘地利’，才能打通各个环节，项目才得以顺利推进下去。”

热衷于参加创业大赛的科研人

2023年12月，中国国际大学生创新大赛（2023）全国总决赛在天津大学举行。本届大赛共有来自国内外5296所学校的421万个项目报名参赛，最终1260个项目脱颖而出，进入决赛阶段。程明月负责的《金雀智能：手术麻醉智能化时代开创者》项目，也荣获了高教主赛道的银奖。

这已不是程明月第一次参加全国性创业比赛。我细数了一下他的履历，在2018年"创青春·中国联通"安徽省大学生创业大赛上拿过金奖；2021年不仅荣获研究生国家奖学金，还获得第七届安徽省"互联网+"大学生创新创业大赛金奖。

见他有这么多光辉的创业履历，忍不住问，中国科大的创业氛围是不是很浓啊？他摇摇头："其实大部分中国科大的学子还是钟情于做基础研究或者做纯科研，对于创业，即使是一个团队，大家感兴趣的程度也是参差不齐，有些同学是当作任务来做，有些是真感兴趣，也有少数同学是像我一样，把它当成一个使命在做。"

那天的采访时间临近中午，程明月踩着点来到约好的地方，头发都

没来得及梳整齐。工作人员递上一杯咖啡,他从口袋里掏出一只苹果自顾自啃起来,一会儿有点不好意思地解释,才出实验室,早饭还没吃。

我知道,创业的人都是没有太多精力和时间与别人闲聊,我们就直入主题。他谈自己很少,更多是说整个项目,想解决的问题,目前的进展,未来的前景,滔滔不绝。

他坦言,自己项目做久了,都做出感情了,医疗器械赛道创业非常不易,整个项目最后能不能顺利上市,能不能给前期的"风投们"赚到钱,这些都说不定,"但我总觉得,项目坚持下来,不是钱不钱的事,谢主任也是不求回报地对自己的麻醉专业思考了二十多年,一直学习新技术,找这个行业提升的可能性。人这一辈子,总是要做一些对社会有价值的事。"

即使身在象牙塔内,这一代年轻人的内卷也是普遍现象。他说同学们的压力都很大,有些人忙着发表论文攒简历,有些人积极参加社会活动攒人脉,他也动员过一些博士一起来做这个项目,"我要忙着找工作,要生存啊",这样的理由并不虚伪。"但我这个人确实有些家国情怀,家里人总教育我,国家培养你这么多年,都是实打实投入;平时实验室的领导也常说,国家每年给我们那么多科研经费,单靠科大是负担不起的,国家当然希望我们能做出一些能解决实际问题的产品,来回报社会。如果每个人都想着拿高学历进大厂挣钱,那些创新和研发到底谁来做呢?"

2023年6月,他在获得中国科学技术大学工学博士学位后,便任职于中国科学技术大学计算机科学与技术学院特任副研究员、硕士生导师。这个项目也依然在有序推进中。

程明月难得透露出一点个人信息,其实2019年的暑假,他曾去腾讯工作过一段时间,"拿到的工资确实比在科大翻了好几倍,当时的业务主要是解决大家看短视频怎么能更舒服一点,但我觉得那不是我人生价值感的来源,于是毫不犹豫选择回来了。"

突然有点感触。AI提高了麻醉的精准度,造福病人,也减轻了医生的工作负担。但AI毕竟只是工具,最终需要人来构建模型、赋予知识,并且需要被赋予一定的人性,才能以患者安全为中心,做出一台真正的“有温度”的好机器。

所以,无论是人类还是AI,最终追求的都是真善美,是对他人的怜悯之心、对世界的善意与责任,是那一点源自思想的理想主义光辉。

项目价值

金雀手术麻醉智能辅助系统以数据化为智能基座,依赖前沿人工智能核心算法,是手术智能麻醉辅助系统的引领者。本项目产品旨在智能化监测患者生命指标状况与自适应手术麻醉知识导航,从而起到辅助麻醉医生临床治疗、提高手术麻醉安全的作用。系统优势突出,具有现有头部企业临床信息系统所不具备的智能化功能特性。

在技术研发过程中,团队先后攻克三大技术难题,实现了“采得全”“看得准”“记得清”,积累了8项国家发明专利与15篇国际顶级刊物高水平学术论文。相关技术获得了我国并行算法泰斗陈国良院士的高度认可与推荐,以及认知智能全国重点实验室学术委员会多位院士专家的关怀与指导。

团队与中国科大附一院合作推进产品部署落地,完成产品仿真试用1000例以及胆囊切除临床试验50例;与讯飞医疗合作,将技术接入讯飞智慧医疗产品,预计收取技术服务费800万元。软硬一体机预计2025年上半年获得第二类医疗器械注册许可。

访谈心声

主持人：金雀智能项目希望能解决行业中的哪些难题？

程明月：我们的项目属于智慧医疗与人工智能领域，具体聚焦于围术期麻醉风险管理，想通过智能化监测与决策支持，来提升手术的安全性与医疗效率。

主持人：你的项目有什么与众不同的核心竞争力吗？

程明月：我们的创业项目是全球首个围术期风险事件智能化监护平台，整合数据采集、边缘计算和智能分析，实时识别和应对手术过程中的195项生命体征和24类风险事件，以提升手术安全性。区别于传统医疗设备，我们的系统采用知识导航和智能感知技术，通过百万条围术期数据自适应优化，实现毫秒级的风险响应，从而显著缩短医生决策时间，提升诊断精准度。我觉得核心竞争力在于将多维医学数据与AI算法深度融合,不仅减少了医疗设备数据孤岛现象,还通过创新的风险预测模型,填补了复杂动态数据风险感知的技术空白。

主持人:在你看来,做科研和创业最大的区别是什么?又有哪些相似之处?

程明月:在我看来,科研追求知识的探索,关注问题的本质与创新;而创业注重成果的落地,关注解决实际问题的价值。两者的相似之处在于都需要洞察力与创造力,以及面对挑战时的坚持与专注。科研是创新的起点,创业是创新的延续,两者相辅相成,能够共同推动社会进步。

主持人:这么多年你一直在科研的一线,现在创业了,有没有一些不一样的个人成长?

程明月:创业确实很锻炼人,我觉得成长主要有三点:第一是视野更广了,从专注科研到关注市场需求,学会用应用价值驱动技术创新;第二是对个人能力的提升,锻炼了我对资源整合、团队管理和商业决策的综合能力;最重要的是心态有转变,更加注重用户反馈和实际落地效果,从单纯技术导向转为问题解决导向。

主持人:目前为止,你在创业过程中遇到的最大瓶颈或挑战是什么?困难的时候是怎么挺过去的?

程明月:最大的瓶颈是医疗产品的临床验证周期长且资源有限。碰到很大的挑战时,我一般通过分阶段设定小目标,来逐步推进项目,同时与团队互相鼓励,保持信心。我自己有一套解压方法,就是跑步和冥想,让自己在压力中保持冷静与专注。

主持人:说点高兴的,畅想一下,如果项目成功了,实现财富自由,最想做的第一件事是什么?

程明月:如果这个项目能成功,将显著提升手术安全性,降低医疗风险,为医生减负,为患者带来更高质量的治疗,这是我最开心的事。如果实现财富自由,我最想做的第一件事是探索更多医疗科技创新项目,做自己想做的事,为科技推动社会进步略尽绵薄力量。

主持人:作为一名起步于科大的青年创业者,你如何理解"科技强国、青春报国"这句话?

程明月:作为起步于中国科大的青年创业者,我认为科技强国是通过自主创新掌握核心技术,引领全球科技前沿。青春报国,就是将个人梦想与国家需求相结合,用科技创新为社会进步和国家发展贡献自己的微薄力量,以实际行动践行使命与担当。

青春独白

其实我的研究方向最初是导师提议的,他觉得这项工作很有价值,因为能解决国计民生的难题。他经常教育我们,做科研不仅要考虑自己的兴趣,还要能够跟国家的战略需求呼应,这样既能为国家解决问题,自己的科研之路也能走得更长远一些。我觉得导师说得很对。一路走下来,就过去了六七年。做"双创"确实不容易,一方面需要花大量的时间做研究,另一方面也需要有社会资源让梦想一步步实现。人这一辈子,总要做一些对社会有价值的事。我不后悔当年的选择和这么多年的坚持。

专家点评

手术麻醉智能辅助麻醉系统市场规模在2023年为1.275亿美元,预计到2030年将达到3.532亿美元,预测期内复合年增长率为15.6%。这表明市场正在增长,但也意味着竞争将随着市场规模的扩大而加剧。全球范围内手术麻醉信息管理系统的主要厂商包括Acuitec、Cerner、DocuSys、

GE Healthcare等，国产品牌如迈瑞、科曼等在技术、质量和服务方面不断提升，逐渐占据市场份额，市场竞争愈发激烈。不同国家和地区的医疗政策和法规也会影响手术麻醉智能辅助系统的竞争环境，企业需要适应不同市场的政策要求。

手术麻醉智能辅助系统商业化应用中面临的挑战首先是数据隐私和数据安全，手术麻醉智能辅助系统需要处理大量敏感的医疗数据，这涉及数据隐私和安全性的问题。系统必须确保患者信息的安全，防止数据泄露。而巨大的数据量又对手术麻醉智能辅助系统的技术成熟度和可靠性提出了新的挑战，包括处理数据的高纬度、混杂因素多以及“鲁棒性”等问题，以确保在手术过程中的安全性和有效性。这些因素也影响到了手术麻醉智能辅助系统的市场接受度，医疗专业人员和患者可能对新技术持保守态度，需要通过教育和培训来提高接受度。接受度的另一个影响因素则是伦理和法律问题，患者对AI医疗的信任程度以及由此引发的伦理安全问题是商业化过程中必须考虑的因素。相关部门需要加快制定相关法律法规，加强伦理风险管控。

这些挑战需要通过跨学科合作、政策引导、技术创新和市场教育等多方面的努力来克服。

杨阳

中国科学技术大学创新创业导师、

安徽英升网络科技有限公司董事长

“双创”教育全面培养提升同学们对于创新与创业相互融合的结构化思维认知，以终为始地启发大家通过逆向思维与全盘视角去审视当下问题并寻找最适宜的解决方案。

金属卤化物固态电解质助力全固态锂金属电池

随着2030年“碳达峰”与2060年“碳中和”目标的提出，我国正在积极推动能源结构转型，大力推广基于先进二次电池的电动化及智能化等核心技术。然而，传统的锂离子电池存在着安全隐患，因为大多数电池使用有机液态电解质，而金属锂在沉积脱出过程中可能会导致短路甚至爆炸的危险。为了解决这一问题，中国科大金属卤化物固态电解质创业团队从固态电解质的角度出发，致力于研发全固态锂电池，这被认为是下一代安全的电化学储能系统，能同时实现高功率和高能量密度。

研究团队成功地开发出了多款性能优异的卤化物固态电解质，并研发出一款兼具安全性、高能量密度以及低成本的全固态锂金属电池。这项技术的推出不仅解决了传统锂离子电池的安全性问题，同时也显著提高了电池的性能。未来，这一技术将推动电池领域的发展，为新能源汽车、智能设备和可再生能源等领域提供更可靠、更安全的能源解决方案，从而推动社会的可持续发展。

核心团队

程晓斌

化学与材料科学学院硕士生

罗锦达

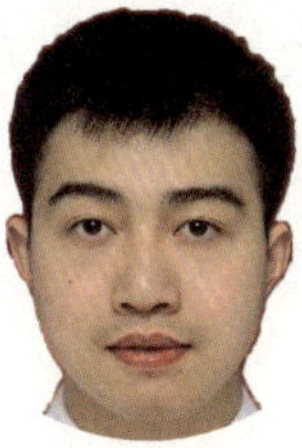

谭皓原

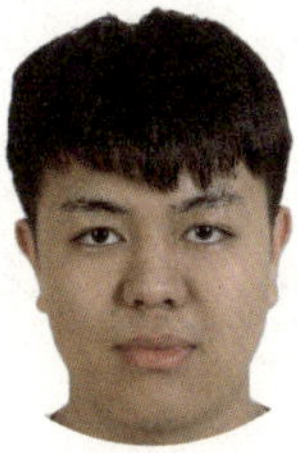

王建平

创客故事

让锂电池“延年益寿”的追梦人

锂电池在我们的生活中随处可见。手机和笔记本电脑所用的锂电池里面有一种特殊的液体，就像电池的“血液”。但是，有时候电池里的金属锂会不守规矩地长出来，就像长出尖尖的小树枝一样。这些小树枝可能会让电池内部的电路连接起来，造成短路。一旦短路了，电池就会变得非常热，有时候甚至会着火或者爆炸，这是非常危险的。

过去几年中，因为锂离子电池问题导致手机甚至电动车爆炸的事件屡见不鲜。锂电池一旦起火，会瞬间向外喷射，像火药一样点燃周围的东西，释放出氟化氢、氰化氢等有毒气体。

伴随着电动车的普及，也经常暴露出其中的许多安全隐患，某些品牌电动汽车因为锂离子电池问题导致起火的事件也引起了广泛关注，特斯拉等电动汽车制造商曾因电池起火问题进行产品召回。

这些由传统锂离子电池问题引发的真实事故让广大消费者不寒而栗，同时，潜在的安全隐患也推动着科研人员和工程师们努力探寻更安全、更可靠的替代电池技术。

在中国科学技术大学化学与材料科学学院的实验室里，有一群充满活力的年轻科研人员，正将他们的智慧和激情投入到一项非凡的使命中——他们正在研发一种全新的电池，这种电池不仅更安全，而且能持久供电，能让未来的电动汽车跑得更远、更安全，让储能系统更加高效可靠。

一

程晓斌，一位从中国科大化学与材料科学学院毕业的青年学子。在大学期间，他专攻材料科学，对新型电池技术情有独钟。如今，作为这个团队的带头人，当谈论到电池技术时，他的眼睛里依然闪烁着科大学子特有的创新火花。

程晓斌对材料科学的热爱如同磁铁一般，他常常思索一个问题：“传统的锂离子电池大多使用有机液态电解液，而金属锂在沉积脱出过程中不受控制地增长，可能会造成电池短路，进而引发电极液燃烧甚至产生爆炸的危险。”只有解决锂金属与电解质的界面稳定性问题，才能让锂电池实现“延年益寿”。

采访进行到一半，程晓斌突然反客为主，向记者提出了一个问题：

“如果你现在要买车,你会选择电动车还是传统的油车呢?”记者略感措手不及,思索片刻后说道:“嗯,虽然电动车外观时尚、炫酷,但我还是担心它的安全性,而且如果在高速公路上电池突然耗尽了怎么办呢?所以,我还是会选择传统的油车。”听到记者的回答,程晓斌微微一笑,表示理解。这个问题困扰着许多消费者,也让我们看到了电动车在安全性和续航里程等方面还有待提升。

“简单来说,电动汽车对电池容量和能量密度的要求越来越高。我们的团队致力于解决锂电池在安全性和续航里程等方面的问题,让普通人可以放心购买电动车!”程晓斌的创业理想朴素而真实,他的目标是研发出兼具安全性和高能量密度的全固态锂电池,希望用自己的力量为这个世界带来一点小小的改变。

我们可以畅想一下,如果程晓斌能将锂离子电池的能量密度提升一倍,并彻底解决安全性问题,这意味着电动汽车的超长续航将成为现实,人们再也不用担心电动汽车的安全问题。这将极大地推动电动汽车的普及,助力我国实现“双碳”目标,也将进一步巩固我国在电动汽车领域的领先地位。

二

理想充满了美好,然而现实往往充满了挑战。对于程晓斌的团队来说,他们面临的最大挑战便是如何提升电解质和锂金属的界面稳定性。锂金属的活泼性质使其极易与电解质发生反应,这无疑给团队带来了巨大的困扰。为了解决这个问题,他们不得不进行大量的电池组装以验证方案的可行性。

他们从电解质的成分设计入手,再到界面的修饰工作,团队制定并实施了多种方案。为了验证方案的效果,他们需要组装电池并进行实验。在这个过程中，他们每天都投入了大量的时间和精力。然而，很多时候，他们的方案并没有达到预期的效果。

“在那段时间里，团队的人手有限，实验设备也是有限的。每天上午由我来进行实验，然后下午另一个人接替，到了晚上，又有另一个人接力进行。这样的工作模式，虽然辛苦，但为了解决问题，我们没有丝毫的怨言。”

在困境中，程晓斌和团队成员们并没有放弃，他们每天都要工作很长时间，靠着相互鼓励、协同合作，最终一起挺过了难关。程晓斌个人喜欢通过跑步或者骑行的方式解压，每次跑到大汗淋漓的那种状态，他可以放空自己的大脑，什么都不用想，跑完后洗个澡，再好好睡一觉，基本上就恢复精力了。

在一次实验中，程晓斌早早来到实验室准备做实验，却发现手套箱的手套还是温热的，再打开电池测试程序一看，好几个电池是早上6点多启动的。“我想，肯定是哪个小伙伴又在熬夜通宵做实验。”为了早日解决问题，加快项目进度，牺牲自己的休息时间。

正是在那一刻，程晓斌深深体会到了团队凝聚力的巨大能量和团结协作的至关重要性。在项目团队成员的不懈努力和紧密合作下，他们实现了对锂金属/电解质界面稳定性的显著提升。

通过精心研发，团队成功研发出性能卓越的多款卤化物固态电解质，并在全固态锂电池中采用了创新的有机电极材料。这一突破性进展将电池的使用寿命延长至两三百个充放电周期，在全固态锂电池技术领域确立了显著的技术优势。

这不仅是一次技术上的突破，更是程晓斌和他的团队智慧与勇气的胜利！全新的固态锂电池，它就像一面超级盾牌，可以有效阻挡锂质晶生长，提高安全性并增加能量密度，显著提升电动汽车的续航能力。

三

程晓斌的故事充满了梦想和追求,他在学术道路上坚定不移地追求着自己的目标。他的故事也是许多大学生创客的缩影,他们在学校的压力和挑战中,寻找到自己的兴趣和激情,不断努力学习和探索,为实现自己的梦想而努力奋斗。

在经历了一年充满挑战和创新的创业旅程后,程晓斌对于创业的理解已经更加深刻和丰富。对他而言,创业不仅是一种实现梦想的途径,更是一个不断探索和成长的过程。他发现,无论是在科研还是创业领域,都存在着一些共通之处:它们都极度依赖于创新思维和解决问题的能力,都需要通过团队合作和领导力来推动项目的进展,同时,无论面对何种困难,都需要展现出坚持不懈和坚韧不拔的精神。

程晓斌对团队的未来规划也非常明确,他们团队主要研究卤化物体系的全固态锂电池,这是一个新兴的方向。“这种电池会做成薄如蝉翼的膜,轻轻一碰就能感受到它的存在。质量不会比现在的液态电池重,甚至可能还要轻一些！如果用我们的固态电解质,就能用轻盈的锂金属作为负极了。这不仅大大减轻了质量,还能极大提升能量密度,想想电动车的续航力会增强多少!”他们也将与国轩高科等企业合作,提供电解质材料,下一步将解决全固态锂电池的规模化生产问题。

程晓斌的创新之路还很长,但他的坚持和努力已经让他成为了电池领域的一颗新星。相信他只要坚持不懈,梦想终将成真。

项目价值

全固态锂金属电池创新点在于,通过开发新型金属氯化物固态电解质材料体系,利用神经网络机器学习与实验相结合的方法,实现了在源头设计上的创新。此外，项目还涉及扣式全固态锂金属电池的新装配技术，以及人工中间层的设计，有效提升了电池性能和稳定性。这些技术创新不仅提高了电池的能量密度和循环寿命，还解决了传统锂离子电池的安全隐患，为电动汽车、便携设备和储能系统等领域带来了更安全高效的能源解决方案。

该项目的价值体现在多个方面。首先，通过研究金属卤化物固态电解质助力全固态锂金属电池，可以解决动力锂电池存在的储能容量低、充电时间过长以及安全性低等问题，为新能源汽车产业的发展提供了重要支持。

其次，该项目的技术应用包括金属卤化物固态电解质的合成、表征和优化工作，全固态锂电池的生产工艺、测试平台建立等方面的研究。这些技术应用为固态电池领域的发展提供了重要的技术支持。项目产生的产品包括新型金属卤化物固态电解质材料以及全固态锂金属电池，这些产品具有高能量密度、长循环寿命以及高安全性的特点，具有广阔的市场应用前景。

最后，项目的创新点主要包括方法创新、知识创新和材料创新。在方法创新方面，项目提出了新型金属卤化物固态电解质体系，并提出了与之相适应的材料设计原则和机理分析。在知识创新方面，项目建立了金属卤化物钙钛矿框架结构中锂离子传导机制以及固态电解质/锂金属的稳定界面层模型，为发展高能量密度、宽电化学窗口和良好循环稳定性的固态锂金属电池体系构筑了新原理和新思路。在材料创新方面，项目合成了多种新型金属卤化物固态电解质材料，并实现其在固态锂金属电池中的应用。

综上所述，该项目通过技术创新和产品研发，为新能源汽车产业提供了高性能、高安全性的动力锂电池体系，同时也为固态电池领域的发展提供了新的解决方案，具有重要的社会和经济价值。

访谈心声

主持人:请先介绍一下你的项目。

程晓斌:我们目标是开发出一款具有高安全性、高能量密度,同时低成本的全固态锂离子电池。主要创新点在于用固态电解质替代传统的液态有机电解质。

主持人:我国现在的电动汽车产业发展得很好,可以介绍一下目前使用的是什么电池技术吗?

程晓斌:目前用的多是锂离子电池,电池中间有很重要的一部分叫电解液,这部分多数用有机液态材料。有机液态电解液存在安全隐患问题。

主持人:自燃,是吧?

程晓斌:对,我们在新闻上看到电动车自燃。安全性问题很严重。

主持人:是不是说电车的电池一定要烧干净才能结束?

程晓斌:锂电池着火不能扑救,一定要烧完。

主持人:就是因为这种电解液的原因吗?

程晓斌:因为它含有有机物,必须烧完,否则会爆炸。

主持人:你们这个项目产品呢?

程晓斌:我们的是固态电池,因为是固体,可以阻挡锂枝晶生长。

主持人:它会比锂电池重吗?寿命会短吗?

程晓斌:我们到时候做的话,肯定要做成像膜一样的,会很薄很薄;质量跟目前的液态的电池来说,不会增加很多,甚至可能还可以轻一点,因为电池不光有电解液这种材料,还有负极材料,现在负极使用石墨负极,如果使用我们的固态电解质有望使用锂金属的负极,不仅轻很多,而且能量密度提升很多,电动汽车的续航就会增加很多。

主持人:你们的优势在什么地方?

程晓斌:我们的优势:一方面就是全固态锂电池这个领域,我们课题组及项目团队在这方面已经有很多年的研究经验了,也成功研发出了多款性能很好的固态电解质,发表了很多相关的论文,获得了不少专利。另一方面,目前市面上的电池正极材料使用的还是三元电极或者磷酸铁锂。我们的产品价格会比目前的磷酸铁锂或者三元电极便宜很多。

主持人:全固态锂金属电池样品出来了吗?还是已经到了大规模使用阶段?

程晓斌:目前是样品阶段。

主持人:从样品到真正的产品或者商品,这中间预计还要多长时间?需要哪些环节?

程晓斌:因为这个涉及的环节比较多,光靠我们自己解决所有问题肯定很难，真正想要实现全固态电池商业化，有专业机构预测要到2030年，也有的说是2035年。

主持人：也就是说可能还要10年左右的时间。这10年你们需要做什么？

程晓斌：重要的一方面就是我们电池的循环寿命肯定还要进一步提升。

主持人：现在有多长？

程晓斌：如果用锂金属负极，我们现在能做到充电两三百次，但是离我们现在商用肯定不行。

主持人：现在新能源汽车上用了很多锂电池，包括宁德时代是中国最大的锂电池提供商，还有比亚迪，他们能充多少次？

程晓斌：要有上千次。

主持人：你们能充的次数太少了。

程晓斌：对，因为我们负极材料使用的不同。现在他们负极使用的是石墨，我们最终目标是使用锂金属负极，锂金属反应活性很高，很容易和电解质发生反应导致失效，这是最大的问题。还有我们要把电解质做薄，做成膜，这个也是目前需要解决的一个问题，我们暂时还没有解决，还是在探索。

主持人：这是一个核心的问题。大家都在研究电池寿命的问题、充电次数的问题，怎么保证你们在这方面的研究是领先的呢？

程晓斌：我们很难评价别人怎么做或做得怎么样，只能说在自己这方面，我们尽自己最大的努力，去做到最好。

主持人：你是准备一直研究你这个项目，还是准备到时候毕业了以后去宁德时代这样的大厂，然后去继续做这个工作呢？

程晓斌：我去年接这个项目的时候才研一，现在是研二，那么远的目标还不是很清楚。至少现在来说，后面转博士阶段后，我的研究方向肯定还是这个。对我个人而言，我还是想继续这方面的研究，因为我觉得这个研究是比较有希望的，而且还是比较有意义的。

主持人：电池每提升一点点性能都要付出很多努力，中间可能要遇到挫败，不断地尝试，这中间最难的是什么？遇到的最大挑战是什么？

程晓斌：我们目前在过程中遇到最大的挑战是怎么提升电解质和锂金属的界面稳定性的问题，就是刚才提到的，锂金属实在是太活泼了，容易跟电源反应。为了解决这样的问题，我们从电解质的成分设计再到界面的修饰工作，做了大量的方案。我们在致力于解决这个问题的时候，每天工作很长时间，如果想知道这个方案有没有用，重新要装个电池看它有没有效。很多时候我们的方案是没效果的，那段时间我们团队几个人，由于实验设备也是有限的，每天上午我来做，然后下午另一个人接着做，晚上另一个人接力，最终也算是把电池的使用寿命提升到两三百个充放电周期吧。

青春独白

作为一名在科大起步的青年创业者，我对科技强国有着深刻的理解。对我而言，科技强国意味着一个国家在科技创新、科技应用和科技产业发展方面处于国际领先地位，能够引领全球科技发展潮流，实现经济持续增长和国家长远目标的发展。作为青年创业者，我深知自己肩负着重要的责任和使命。我相信，青春如烈火，燃烧着梦想的火焰，在科技的殿堂里舞动。青年应当抓住青春时光，不断提升自身能力，为国家和社会创造更多价值。

专家点评

全固态锂电池的一个主要优势是提高了电池的安全性，同时体积能量密度也得到了提升。未来的发展方向包括不断提高电池的安全性能和体积能量密度，以满足新能源汽车等应用的需求。固态锂电池发展的关键就是探究电导率、固体电解质膜微观结构等因素对锂枝晶形成的机理，并探索抑制锂枝晶生长的方法，以防止电池短路和热失控。一方面是原材料的迭代升级，固态电池产业链的中游原材料需要迭代升级，包括正负极材料、隔膜和固态电解质；另一方面则是制造工艺的改进，在全固态锂电池制造过程中需要开发保持界面紧密接触的制造工艺。

虽然全固态电池的研发取得了一定进展，但离大规模商业化应用仍有一段距离。

由于全固态电池的充电特性与传统锂离子电池存在差异，因此需要研发适应全固态电池的充电设备和充电标准，同时加强售后服务体系建设。全固态电池还需要面对来自其他新型电池技术（如半固态电池、锂金属电池等）以及传统锂离子电池的竞争。尤其是现有电池产业的巨大投资尚未完全消化。固态电池产业亟须产学研在功能与资源优势上的协同与集成化，组织研究全固态电池发展战略、技术路线及产业政策，推动企业、高校和研究机构建立紧密的合作机制。

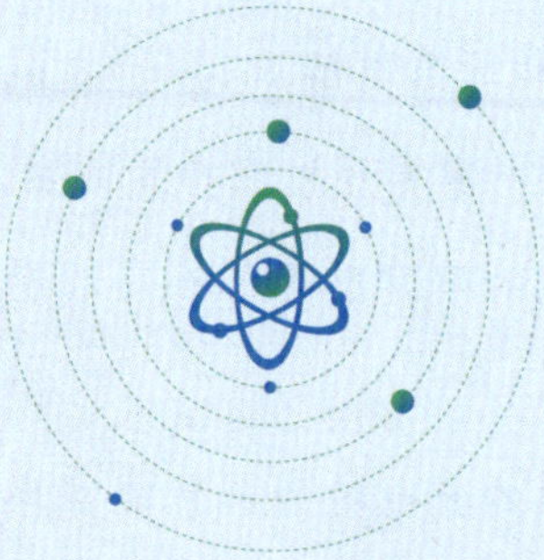

徐晓嵘

中国科学技术大学创新创业导师、

苏州高等研究院教授

科技创新的关键在于敢于想象，勇于尝试，持续迭代。

科芯微流：开创连续流化工生产新模式

中国科学技术大学从2018年起开展了连续流技术的研究与产业化开发，在连续流技术涉及的多个学科领域取得了原创性研发成果和技术突破，涵盖了微流道设计、微反应动力学仿真、连续流微反应新反应工艺开发等多个方向。相对于传统化工，连续流技术具有传质传热好、控制精确、安全可靠以及易直接放大等优势。

为加速连续流技术领域的优势成果落地转化，安徽科芯微流化工科技有限公司于2021年9月正式成立，致力于成为行业第一家真正实现微反应核心技术全栈自主研发并为行业用户提供微化工技术整体解决方案的企业。

依托中国科学技术大学研发优势，目前科芯微流已突破了连续流技术领域的多项关键“卡脖子”技术。公司计划在未来5年主要瞄准四大业务板块：微反应设备研发制造与销售、连续流技术开发服务、工业级连续流设备与工艺的一体化“交钥匙工程”以及定制化学品合成。

核心团队

王光祖

化学与材料科学学院博士

程驰

徐清

崔玉杰

董永杰

陈小光

STORY 创客故事

让化工危险工艺生产再无意外

做化学如烹小鲜

最近网络短视频流行一个话题，叫“别人家的老师”。其中化学老师尤其出圈，什么烈焰之地、雾隐之术、光的神奇……短视频里的化学老师个个都是魔法师，下面弹幕乱舞，“如果我当年有这样的化学老师，一定能考上清华”。

化学确实是一门神奇的学科。在化学的世界，实验室不仅是知识的殿堂，更是生命的舞台。为什么这么说呢？因为化学实验室是一个奇妙与风险并存的地方。在这里，一瓶试剂可能蕴含着巨大能量，一段反应或许暗藏着不可预测的风险。因此，每一个进入化学实验室的人，都应怀有一颗敬畏之心，对待每项操作都要慎之又慎。

而科芯微流的创业愿景，就是要让化工危险工艺生产，再无意外发生。

科芯微流的联合创始人王光祖介绍，他们的项目主要应用在精细化工领域。很多人觉得，化工离我们普通人的生活很远，其实，包括我们穿的衣服、喝的饮料、吃的药品，这些都是化学生产的成果。

精细化工是我国国民经济的支柱产业之一。在2021年，我国精细化工行业总产值已突破5万亿元，占全球市场比例也上升至59%之多。然而，我国精细化工企业普遍存在自动化程度低、生产工艺落后的问题，造成近年来安全事故频发，让公众“谈化色变”。

“化工产品的研发有一个共同难题，就是会涉及一些危险工艺，容易发生爆炸。为什么会爆炸？因为传统的釜式工艺，持液量动辄需要数吨甚至数十吨，一旦发生热失控，就容易发生连环爆炸，造成重大事故。但现在有了连续流技术，可以实现同等产能反应器的持液量缩小到传统工艺的千分之一，即使发生意外，影响也极为有限，从而实现了生产的本质安全。”

王光祖坦言，在他们这个创业赛道，龙头公司是美国康宁，2008年进入中国，2010年从实验室转入工业生产级别，是一家非常成熟的公司。“他们做了十几年，最大贡献是为客户普及了什么是微通道技术。但也有短板——这是一家单纯卖设备的公司。”

为了解释清楚自己的创业项目，王光祖打了一个特别通俗的比喻，他说学化学的人就像一个大厨，想做出一份特色菜，无非是加多少盐，加多少醋，火候怎么变，得炒几下；化学实验也一样，加多少添加剂，怎么搅拌，最后出锅。“但有一点，我们很难用炒肉末茄子的铁锅做出黄焖鸡米饭来，因为要用到不同的锅。我们公司现在做的，就是针对不同化工工艺，设计出不同的实验装备，说白了，我是个‘卖锅’的。”

有一句话叫“差生文具多”。并不是把最高级的锅买回去就能做出最好吃的饭。这就是王光祖说的康宁公司的“短板”。“我们不仅卖锅，还和客户一起研发新菜品，最终帮你写成菜谱。我觉得这是我们这个小创业公司目前最大的核心竞争力。”

2020年王光祖就已进入中国科学技术大学先进技术研究院博士后工作站工作，一直从事连续流技术的研究。“我们可以生产装置，可以协助开发工艺。客户说他想做某个东西，要做一千吨，我就根据他的需求进行设计,包括电控等全做好,直接拉到现场,你就不用人工参与了,以后也不再会有因爆炸产生死亡的生产事故。”

工科思维和理科思维交合的创业者

和不少创业者聊过,都会提到一个词,叫“惟精惟一”。大部分创业者都会认为,对于创业公司来说,能杀出一条血路的往往是专业性。

但和王光祖聊了半天,发现他从做产品到搭平台再到建生态,想得非常“大”。他为什么什么都想干?对于一家创业公司来说,这样真的好吗?

他苦笑着说:“也不是我什么都想干,而是单一业务‘吃不饱’。而且我创业的这个赛道确实有点特殊。”

王光祖介绍,目前市场上可以提供连续流技术解决方案的公司,大体可分为两类:一类是从事微反应设备的研发和制造,就是单纯设计锅卖锅的;另一类是从事连续流工艺的开发和技术服务,就是研发菜谱培训厨艺的。

作为连续流技术的行业专家,王光祖认为连续流技术本身是多学科交叉的新兴技术领域,研发门槛高,实现产业化需要攻克的工程技术难关也很多,目前国内从事连续流设备制造和技术服务的公司大多还停留在对国外设备的简单仿制和反应工艺的经验化开发阶段。同时具备工艺和设备研发能力的企业,国内目前还未出现,更多是企业跟高校合作,进行工艺包的集成。这也就是他当初看到的市场机遇。“科芯微流团队汇聚了应用化学、化学工程、流体力学、精密制造、自动化控制等多个领域的科技人才,致力于成为行业第一家真正掌握微反应核心技术的全栈自主研发企业,并通过‘设备+工艺’的形式,为行业用户提供连续流技术整体解决方案。”

因为创业团队有科研背景,科芯微流公司秉承的是开放共赢的合作理念,客户在完成小试工艺验证后,可以继续与公司合作开发产业化工艺和采购本公司产业化设备,亦可只委托本公司开发工艺,向其他设备制造厂商采购微反应设备。

“这样你的业务不是直接被其他厂商撬走了吗?”

“我的技术我知道,研发永远都在路上。我觉得客户遇到的问题越多,需求越多,我们企业能给人家解决各种各样的问题,就越有价值。并不是说赚钱不重要,做企业当然是为了追求利润,但如果仅以赚钱为目标,这个企业做不大;应该想着帮助客户解决更多更大的问题,自然而然就赚到钱了。”

他甚至跟团队说,前两三年不赚钱没关系,因为已经融到资,大家能活下去。这几年更应该做的是普及连续流新技术,让客户知道什么是微通道技术,让他们尽可能了解我们企业的研发能力,也让政府逐步认识到釜式工艺的危险性、连续流工艺的先进性,“我一直想做的

事,就是把传统化工间歇式的工艺变革成连续微型化的,目的是实现我国化工微型化、连续化、智能化,这是公司的宗旨,也是我个人的职业夙愿。”

我在资料中看到,王光祖曾入选36氪(36Kr)公布的“2023科创家”榜单。在创业前,他曾是中国科学技术大学的一名老师,颇有学术潜力。为什么想从高校老师转型为创业者呢?

王光祖说,自己2020年进入中国科大博士后工作站,但之前本科和研究生都是在合肥工业大学就读,“我的思维更多是工科思维,而中国科大更多是理科思维。其实工科思维和理科思维差别还是很大的,理科永远在问“为什么”(why),工科追问的则是“到底要怎么做”(how),怎么做才更美观,怎么做才能更加自动化。后来我发现,如果要把科研成果产业化,这两种思维必须都要有——把理论做成技术,这是理科思维;把技术做成产品,则是理工交合的思维。而恰好这两种思维我都有。”

这么说来,王光祖确为天选创业者。他说科研是做从0到1的事,享受从无到有的过程;而创业则是要把事从1做到100,能让顶尖科研成果普惠到更多百姓生活。

一位科研工作者的良心与抱负

“如果未来项目做的不错,有人花10亿元把你们公司收购了,你会继续再创业,还是选择回高校当老师?”

王光祖想了一会儿,回复:“不好说。”

他承认,人在每个阶段,想法都不太一样,“创业就跟养孩子一样,刚创业虽然很累,每天都有各种挑战,也总抱怨,但真做了五年、十年,你还会舍得卖吗?”

王光祖说,这么多年都在高校学习、做研究,以前的生活很规律,到点起床,到点上班、下班,定好目标不停做实验,努力发文章……创业以后,一年遇到的事比之前十年都要多,他觉得自己得到了飞速成长。

当老师时,他觉得自己已经是非常负责任的导师了;但创业后,他发现自己变成了企业的“公共财产”。“根本没有自己的生活,哪里需要我就得往哪去,事无巨细,都得操心,以前做实验虽然累,但放假了倒头就睡,什么也不管,真得很舒服。现在就算让你放假两三天,内心都会充满罪恶感,觉得自己不能这么休息,如果哪天恰好有个电话来,有单业务需要我处理,感觉就不错,今天又有价值感了。”

我问他:“是怕休息的那天错过赚钱吗?”

“不是。”王光祖矢口否认。他说,像他和合伙人这样,选择从稳定科研单位出来创业,创业的初心肯定不是为了实现财富自由,而是真的想解决社会问题,实现自己作为科研工作者的人生价值。“这个价值就体现在,我解决了某个难题。有天和合作伙伴聊天,他说希望有一天自己去世后,有人提到这个人,会想起他曾在精细化工领域做过什么改革。我说这个梦想太伟大了,我对得起自己就行,对得起自己的良心,对得起自己的付出,至于最后的结果,就不问了。”

王光祖承认,创业让他有了很多不同的人生体验。特别是企业有一些阶段性结果后,刚开始很恐慌,得到后很欣喜,但这样的欣喜在五到十天后也就结束了,后来慢慢发现,能让人兴奋的阈值越来越高。“刚开始创业时,签30万、50万元的项目都觉得很有成就感,现在融资拿3000万元、5000万元也挺淡定的,我后来发现,人的欲望是无限的。”

王光祖说,如果真实现财富自由,公司也不需要他时刻“守摊位”,他最想做的事就是旅行,第一站要去南极或北极。“我就想去看看极致的景色，看看大自然跟人的关系，感受一下自然的伟大，人的渺小。人性是很容易膨胀的，其实人类能做的事很有限。所以我总告诫自己，要保持敬畏心和平常心，能帮别人解决问题就是自己最大的价值。认真做事，莫问前程。”

项目价值

连续流技术是精细化工产业技术发展中具有代表性的新技术之一。其核心原理是让反应原料高速流过尺寸在微米至毫米级的微流道，让原本需要几小时的化学反应在微流道中流过的数十秒内即完成，从而使得化学反应的效率和精确度大幅提高。

传统釜式工艺的持液量动辄需要数吨甚至数十吨，一旦发生热失控，极易发生连环爆炸，造成重大事故。而利用连续流技术实现同等产能，反应器的持液量可以缩小到传统工艺的约千分之一，即使发生意外，影响也极为有限，从而实现了生产的本质安全。

连续流技术的生产过程是流水线式连续生产，自动化程度高，从原理上就更容易打造无人化、智能化的工厂。此外，连续流技术还有开发周期短、无缝放大、能耗低、产品品质高、占地面积小等诸多优势，因此被认为是引领未来精细化工行业发展的革命性技术之一。目前业内普遍认为，精细化工中约占25%~35%的生产过程，如硝化、重氮化、氯化、氧化、磺化、氨化以及聚合等工艺，都能够利用连续流技术实现安全和高效的生产。

科芯微流目前是国内独家同时系统性掌握连续流设备与工艺两大核心技术的连续流解决方案提供者。

访谈心声

主持人：在你看来，做科研和创业，最大的区别是什么？

王光祖：做科研的周期可以很长，但创业不会给你这么长时间，如果产品一直进入不了市场，无论是合作伙伴还是投资人，都会渐渐失去兴趣。所以，从科研成果到产品应用的战线，不能拉得太长。科研做的是从理论到技术这一段；创业做的是从技术到产品再到商品这一段，它有一个衔接过程，衔接得是否顺畅，也很考验一个创业者的能力。当然，两者也有相似之处，都需要在一个方向上持续投入，不断深耕，并且紧跟时代的变化。

主持人：创业之前你已是中国科大的老师了，虽然当老师也有事业上的压力，但生活肯定还是较稳定的。别人都说创业是九死一生。你夫人也是大学老师，孩子也很小，家人支持你创业吗？

王光祖：创业确实是人生的另一种选择。儿子才三岁，给他买玩具人也就会开心了。我夫人确实有很大变化，从刚开始的不理解，到后来天天见不到人的失望、绝望甚至是崩溃,再慢慢回归理性,坦然接受。她说过一句话其实我还挺感动的,她说她既然爱我,"你在不在乎我,对不对我好是你的事,我对你好就可以了。"创业之后就明白,每天都像打仗一样,不可能事业、家庭双平衡的,我说我只有一个要求,就是微信里有一万元就行,其他都是你的。这可能就是直男表达责任感的方式吧。在中国传统观里,我做得再成功,儿子的成长如果耽误了,其实是不可原谅的。所以我们也形成了默契,她现在挑起家庭教育的重担,我在创业路上先奔跑着,努力就好,莫问前程。

主持人:你如何选择创业伙伴?你觉得对于一个创业团队最重要的是什么?

王光祖:既然是组团队,彼此之间的互补性肯定非常重要。我坚信人的品质第一,能力我放第二,创业就是一起升级"打怪",会面临各种各样的困难,互相充分信任是最重要的。我觉得一个创业团队,必须目标一致、韧性十足、踏实肯干、能力互补。现在我们这个小团队,很多都是校友,治学态度都差不多,毕竟每所高校都有自己的学术基因。

主持人:我看你们公司已经有自己的产品、商业模式,也有不错的现金流水。作为一个中国科大的创业先行者,你会给后继的创业者们提哪些建议和意见呢?

王光祖:虽然现在每天忙忙碌碌,但其实我也不知道公司三年后会怎样,因为市场变化太快,一步踏空可能这家创业公司就关门了,这很正常。所以我并不是一个功成名就的创业者,给不了什么意见。如果是给后面有想创业的老师或学生建议的话,我想说,人是不可能待在学校里一边搞教学一边创业的,因为人都有趋利避害的思维,如果已经有一个稳定的教职了,当你遇到困难时你一定想往后缩。创业会遇到的问题千千万,不能因为有一项技术成果就盲目乐观,因为你还会有竞争对手、市场变化、技术更迭等,所以要充分尊重创业这个选择,它不是像我们在象牙塔里想象得那么简单。

青春独白

创业初期大多数时候都是在搞研发,不确定性太多,特别是把新产品放到现场实际应用时,可能会出现很多意想不到的问题,种种不顺确实容易让人抑郁。我跟合作伙伴就互相打气,不要沮丧,新产品、新技术推广的过程就是这样,创新之路从来都不是一片坦途。

我首先是一个科研工作者,然后才成为一个创业者,所以我的梦想一直是将论文写在祖国的大地上,在最美的年龄做最雄伟的事,解决我国轻工业领域关键“卡脖子”问题,让化工危险工艺生产再无意外。

专家点评

初创企业在初入市场时,经常采用设备加服务的商业模式。这种模式确实具有不少优势,比如:

增强客户黏性:通过提供设备和相关服务,企业能够与客户建立更深层次的关系,增加客户的转换成本,从而提高客户忠诚度和留存率。

收入多元化:企业不仅可以通过销售设备获得收入,还可以通过提供服务(如维护、升级、咨询等)创造额外的收入流,实现收入多元化。

提高市场竞争力:提供综合解决方案能够使企业在激烈的市场竞争中脱颖而出,尤其是当服务能够显著提升设备性能或用户体验时。

增加附加值:服务可以增加设备的价值,为客户提供更多便利,如定制化服务、技术支持、培训等,满足客户的个性化需求。

改善客户体验:通过提供全面的服务,企业可以确保客户在使用设备过程中获得良好的体验,从而提升客户满意度。

促进产品创新:与客户的紧密接触使企业能够直接获得反馈,这些反馈可以作为产品创新和改进的重要依据。

提高市场响应速度:服务团队通常与客户保持更紧密的联系,能够更快地响应市场变化和客户需求。

延长产品生命周期:通过提供维护和升级服务,企业可以延长产品的使用寿命,减少客户对新设备的频繁购买需求。

数据收集与分析:服务过程中可以收集大量数据,企业可以利用这些数据进行分析,以优化产品性能和服务质量。

促进国际化发展:对于寻求国际扩张的企业来说,提供本地化服务可以帮助它们更好地适应不同市场,满足当地法规和客户需求。

提高价格竞争力:通过将服务与设备捆绑,企业可以提供更具竞争力的总成本报价,吸引价格敏感的客户。

但是设备加服务的模式同样存在不少风险,很多都是初创企业难以承受的。比如,首先这种模式需要大量的资金和资源,而初创企业往往没有足够的财力和人力来支持这些活动,往往需要通过寻求风险投资、政府资助或其他形式的资金支持。

其次这种模式往往需要专业的知识和经验,而初创企业的团队可能缺乏这些方面的技能。需要寻找有经验的业内人士或合作伙伴加入团队。

第三是不同国家和地区的法规和标准存在差异,市场需求也存在差异,初创企业需要深入了解不同市场的需求和特点,制定针对性的市场策略和产品方案,设置包括建立有效的全球售后服务和支持体系。这往往意味着巨大的资源投入。

这些挑战需要初创企业采取相应的策略和措施来克服,以实现可持续的发展和成功。

宋　怡

中国科学技术大学创新创业导师、

马克思主义学院副教授

我们不断提升创新精神、创业意识和创新创业能力，并不仅仅是为了个人利益，而是在树立崇高职业理想的前提下，充分考虑社会需要和现实需求，把个人未来与社会和国家的发展紧密结合，成为推动社会进步、国家强盛、民族复兴的坚实力量。

满面红光：全球领先的下一代近红外 Pe(钙钛矿)LED缔造者

为解决近红外钙钛矿发光二级管（near-infrared Perovskite Light emitting diode，NIR PeLED）在高亮度下发光效率低及稳定性差的商业化难题，该项目在已有的NIR PeLED的学术基础上，进行新型高效率、高亮度以及高稳定性三高并存的NIR PeLED的开发，通过引入新概念添加剂的方法，制备了新型高效率（23.8%）、高亮度（497 $W \cdot sr^{-1} \cdot m^{-2}$）以及高稳定性（50000小时）的国际领先的面光源NIR PeLED。

本项目学术基础包括顶级期刊一篇，以及处于公布实审阶段的专利一项，具有扎实的理论基础。其中，成果中含项目负责人葛丽爽以共同第一作者身份于2023年3月15日在《Nature》期刊上发表的文章一篇。同时，项目由包信和院士、谢毅院士以及国家杰出青年科学基金获得者尤业字教授联合推荐，证明了项目的科学性、先进性、创新性与真实性。该项目正与江苏集萃有机光电进行产线设计与实验校订，完成后可进行批量生产。

核心团队

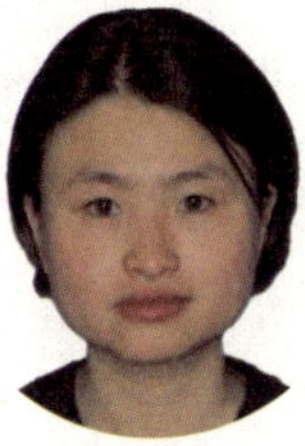

葛丽爽

化学与材料科学学院博士生

安芮芝

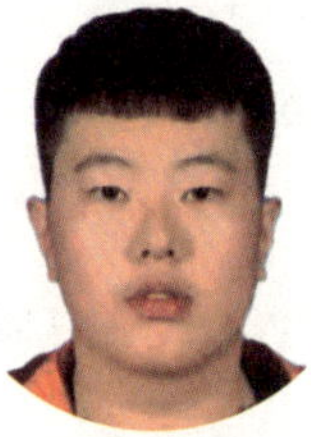

张晓雨

创客故事

五彩斑斓的黑和流光溢彩的白

“五彩斑斓的黑和流光溢彩的白”是一句网络流行语,最初是设计师们吐槽那些啥也不懂还天天爱瞎指挥的“甲方”。

但有没有一种可能,黑与白,是真的有色彩呢?

中国科学技术大学化学与材料科学学院2023级博士研究生葛丽爽在为我介绍她的创业项目“满面红光”时,还真顺便为我科普了一下黑和白的色彩问题。

她说,光的本质是一种电磁波,所以光无处不在,与我们每个人的生活都密切相关。事实上,世界上并不存在绝对的黑暗,但却有绝对的光明,只是人类的眼睛并不能识别所有的光。我们只能感受到从波长380~760 nm这个范围内的电磁波,称之为可见光。

不可见光虽然看不见,但其实大家也并不陌生,比如经常听到的紫外线和红外线。

紫外线是光谱中波长较短的一段,但长期直射也会对人体造成伤害,所以才会有防晒霜、防晒服、墨镜这些抵御紫外线的装备。

红外线则是光谱中波长较长的一段。根据美国材料与试验学会(ASTM)的定义,近红外(NIR)的波长范围在780~2526 nm之间。而葛丽爽负责的“满面红光:全球领先的下一代近红外Pe(钙钛矿)LED缔造者”项目,赛道正是在近红外领域,所以才会取“满面红光”这样挺喜庆的项目名。

葛丽爽说,由于近红外光线的特殊波长和能量性质,近红外发光二极管(NIR-LED)在许多领域都有大量应用,如光学诊断、生物医学成像、光通信、遥感、安全、夜视和数据存储等,这也确保了他们的项目有着广阔的市场需求。

目前主流的近红外发光二极管(NIR-LED)主要分两种:无机LED及有机LED。其中,无机近红外发光二极管是市面上最常见的LED光源。虽然应用广泛,但无机LED有诸多缺陷,比如生产成本高、发光效率低、柔性不够等。所以当华为新出了三折屏手机,普通人关注的可能是手机屏大,而像葛丽爽这样的专业人士,则会赞叹华为柔性屏技术强大。

葛丽爽做的Pe(钙钛矿)LED,简单点说,就是一种生产成本更低但效果更好的有机LED。“我们项目研发的类似于一种发光材料,只是发的光是近红外光线，目前近红外光线用的都是不可折叠的非柔性屏，我们想做出可折叠的柔性屏，所以选择了钙钛矿作为原料。”

这几年，在科技界，钙钛矿是热门研究领域，在光电探测、激光、LED等多个高科技领域都展现出巨大的应用潜力。特别是钙钛矿太阳能电池，凭借其独特材料优势，正迅速成为光伏领域新秀，很有可能取代传统硅基太阳能电池的主导地位。

而葛丽爽团队研发的Pe(钙钛矿)LED，也是目前稳定性较好的钙钛矿LED器件之一，在当前EQE超过20%的近红外钙钛矿中处于领先水平。实现了在高亮度下钙钛矿LED迈向商业化的关键一步，这也让这项科研成果有了巨大的商业潜力。

《Nature》上发论文，院士、杰青帮推荐

在采访葛丽爽之前，她的项目计划书其实已被翻来覆去看了好几遍，说实话，还是没太看懂。

一是该项目处于科研阶段，尚未应用到具体产品上，和普通百姓的生活离得有点远；二是他们的科研成果在全球都属领先水平，理解起来肯定有点困难，所以项目计划书里才会有这么霸气的一句：“本项目相比于同类PeLED，效率、亮度及稳定性均大幅度提升，是目前最好的近红外PeLED。”

怎么能证明这项目确实牛呢？我这个“门外汉”找到了三个证据。

第一，葛丽爽以共同第一作者身份于2023年3月15日在国际顶流期刊《Nature》上发表一篇题目为“Bright and stable perovskite light-emitting diodes in the near-infrared range”的文章。

第二，这个项目得到了包信和院士、谢毅院士以及国家杰出青年科学基金获得者尤业字教授的联合推荐，侧面证明了项目的科学性、先进性、创新性与真实性。

第三，在2023年10月举办的第十八届“挑战杯”全国大学生课外学术科技作品竞赛终审决赛上，这个项目荣获了主体赛的特等奖。

虽然论文发表已经有一年，但说起自己能在博士阶段就以第一作者身份在《Nature》上发表论文，葛丽爽还是用了“不可置信”四个字。

“最开始是老师帮忙投的，我还跟同学说，老师就是鼓励我们，肯定会被拒，但过了大约两个月，还没退回来，我心里就有点期待了，不会真有戏吧？因为这种顶流期刊有一个规律，投过去两周还没退回，大概率就是送审下一个环节了。”

当时葛丽爽整天泡在实验室做后面的课题，任务时间紧，压力大，她也没空多想。有一天老师找到她，说文章审稿意见下来了，还挺积极的，“我当时的第一反应是，《Nature》这么好投的吗？哈哈哈。”回函中编辑意见是积极的，整个团队也很高兴，虽然当时已经放暑假，但大家还是都选择留在了实验室，因为需要补很多实验数据，大伙每天忙到夜里一两点，

"那段时间可以说是痛并快乐着。"

葛丽爽说:"《Nature》作为学术顶刊,对文章的要求一是有很大创新性;二是实验数据扎实,一定要能讲明机理。所以那段时间一直在做实验,补实验材料大概就补了两个多月。"很快文章二审通过,还有一些后续沟通,第二年3月份文章就刊发了。葛丽爽说:"像在《Nature》这种等级的期刊发文章,主刊正常需要排期2年,子刊至少也需1年,从老师第一次投稿到真正发表,整个周期还不到12个月,所以我们的团队真的很幸运。"

她也坦言,作为一名中国科大的在校大学生,能在《Nature》发表论文,内心确实非常骄傲,"但我很清楚,如果单靠自己根本做不到,真的要感谢指导老师和整个团队,更要感谢中国科大包容的学术氛围,还有包信和院士、谢毅院士、尤业字教授都给予了联合推荐,这是莫大的鼓励,也证明了我们项目的科学性、先进性、创新性与真实性。"

小小年纪,取得巨大的"名气",给她带来哪些实质性的好处呢?

葛丽爽笑称:"首先肯定是满足了虚荣心。一开始是整个学院都知道了,后来远在山东大学的同学也发来微信,听说你发了很厉害的期刊啊!再然后我姥爷出门理发,也拿着手机和街坊们炫耀,他也搞不清楚什么《Nature》,总之他外孙女很牛就对了。"

但真正让她感受到"名气"的好处,是有企业开始邀请她去具体介绍项目,"打开了学术的影响力,让后续研究更顺利,因为有更多人关注你,也有人愿意投入一些资源支持后续研究,甚至有了科研项目落地投产的可能性,这才是最大的意义。"

虽然葛丽爽更喜欢做单纯的科研工作,但她也很清楚,创业是实现自我价值和社会价值的主要途径。"通过创业实践,能把科研工作者的创新构想转化为社会现实,从而实现自己的创新和创业梦想。一方面自身价值会得到社会认可;另一方面,创新和创业的结合必然会为整个社会的发展做出应有的贡献。”

论学霸是怎样养成的

如果在马路上碰见葛丽爽,你可能猜不出她是一名中国科大的女博士。

葛丽爽的家乡在黑龙江省齐齐哈尔市,“就是出齐齐哈尔烧烤(BBQ)的城市”。她个头小小的,脸圆圆的,性格爽朗,一笑起来,眼睛像两个弯弯的月牙儿。当天采访,她穿着棒球外套蹦蹦跳跳就走进来,哪里像天天被实验室数据包围的女博士。

我直截了当发问:“你是个天才吗?”

她哈哈大笑,随后认真回答:“我不是。只是运气比较好而已。”

葛丽爽说,中国科大被外界称为智商卷笔刀,是有道理的,她就遇到过一些师兄弟,真的是科研天才。“做科研就是定好目标,再通过实验找攀登的路径。我也在中间无数次换过课题,最后能做出来,运气算是比较好的。但有些人就是很厉害,选中一个课题就能做出结果。我有个师兄,现在博士三年级,已经发过三篇文章,还有一篇正在写,我认为他这种人才是天才。认识他这么多年,他看上去每天都过得很轻松,能把所有事都处理得游刃有余。我做科研属于压抑型,整个过程谈不上多快乐,好在最后有成果,但那位师兄做课题的过程就能体验到快乐,真让人羡慕啊。”

我也知道,大部分科研工作者都是“时间的朋友”,基本过着“夜以继日”的实验室生活。我问她有没有什么业余生活。她说:“有啊,业余喜欢跟同学打网球,我们喜欢一边打网球一边隔着场子聊天,疯跑大喊中还挺解压的。有时也会去看电影,看看电影里的人过得也挺不容易,大家心情就好多了,哈哈。”

我说,既然做科研这么累这么压抑,为什么还一定要念博士啊?

她瞪大眼睛,“你怎么和我爸说的一样!”

葛丽爽家中姐妹二人,爸妈的养育理念就是尊重、放养。“我爸总说,小姑娘家又没有太多家庭负担,也不需要多大出息,身体健康高高兴兴不就行了。最开始读博时我爸还挺不支持,他觉得一个女孩子读博太累了。但我自己比较坚持。我觉得高等教育就是个筛选器,既然已经读到这个层次,肯定还是有点科研天赋的,其实国家现在特别需要科研工作者,如果半途而废,有点对不起国家这么多年的培养。”

葛丽爽说,高学历、做科研、搞创业并不像很多人想的就为一份高收入,“其实,一个国家的科技力量,才是这个时代普通百姓安全感的保障。”

她举例,今天华为能用上自己的鸿蒙系统,不断开发自己的芯片,我们用了北斗卫星系统,普通人才能感受到生活的便捷,这些都需要科研在背后做助推,“如果自身科技没有硬实力,别人出售的服务可能会大打折扣。”还有军事领域,一个国家的安危不光要有团结一致的精神力量,也要靠科研领域推动武器装备不断迭代,才有实力在国际舞台保护自己的权益。“我现在还只是一个学习中的普通研究生,真正的科研工作者,真的非常值得被大家尊敬。”

葛丽爽有自己的偶像,而且就在身边。“像我们学院的谢毅老师,作为一名女性,几乎把全部生命都贡献到科研领域,就想通过自己的努力,为国家和人民做出一点贡献。还有我们高分子领域一位特别厉害的老师,是因为熬夜给学生改论文猝死的,这件事让我伤心了很久。但我还是想成为像他们那样对国家、对学术有贡献的科研工作者。”

2016年4月26日,习近平总书记考察中国科学技术大学时,语重心长地对学生们说,青年是国家的未来和民族的希望,希望同学们肩负时代责任,高扬理想风帆,做有理想、有追求的大学生,做有担当、有作为的大学生,做有品质、有修养的“六有”大学生。

中国科大的校训是“红专并进,理实交融”。与葛丽爽短短的交流,让我看到中国科大的精神正被一代代年轻学子继承与弘扬,葛丽爽也不愧为中国科学技术大学2023年度最美“六有”大学生。

项目价值

本项目在原有NIR PeLED的通过引入添加剂调控性能,自研一类新型的添加剂分子,并通过抑制发光猝灭新概念提出的基础上,自主研发了新一代高效率、高亮度、高稳定性三高并存的NIR PeLED的结构组成及制备方法,为打破NIR PeLED商业化应用的壁垒做出了贡献。

本项目研发的产品兼具无机与有机LED特性,具有合成原料低廉、合成方法简单、成本低,以及作为面光源具有轻薄性好、柔韧度高、出光柔以及生产尺寸易控等优点。该项目有以下性能创新:① 外量子效率(EQE)达NIR PeLED领域国际最高——23.8%;② 稳定性达NIR PeLED领域全球领先——50000小时;③ 亮度达NIR PeLED领域世界最高——487 $W \cdot sr^{-1} \cdot m^{-2}$。

总之,本项目产品与目前报道的同类型NIR PeLED进行对比发现,在亮度、效率以及稳定性方面均有大幅度提升,其中亮度提升106%、效率提升68%以及稳定性提升35%,是目前存在性能最好的NIR PeLED产品。

访谈心声

主持人:能简要介绍你的创业项目的核心竞争力吗?

葛丽爽:一是可以用于医疗与军事多个领域的近红外钙钛矿LED产品;二是这是新一代LED产品,综合了有机LED与无机LED的优点,综合效率、寿命以及稳定性达国际领先水平;三是生产原料低廉,制备方式简单。

主持人:目前这个项目从研发到商业化转化达到什么进度了?后续还可能遇到什么困难吗?

葛丽爽:如果要用进度条来形容的话,大概是30%的状态吧。虽然实验数据很扎实,理论推演也很顺利,但还是比较担心产品中试以及后续融资。创新本来就会有各种可能性,风险与收益并存。

主持人:如果这个项目成功量产,一定会带来巨大收益。对未来有什么畅想吗?

葛丽爽:产品中试还在进行,商业化后的巨额财富梦太遥远。我能想到的是,如果这个产品成熟了,PDT的治疗会更加有效,我们国家在军工及民生方面,对国外技术的依赖会更小。

主持人:这个项目如果真的过了中试,要产品化,第一种产品可能是什么?

葛丽爽:我们现在的调研主要集中于公共类治疗产品。但医疗产品的研发非常严格,过程也很漫长,所以有可能会先应用于遥感领域,应用于热成像LED光线。

主持人:作为一个喜欢做科研的学霸,创业有没有给你带来什么心理改变?

葛丽爽:当然有。首先是思考问题的方式更加现实化;其次是抗压能力变得更强了;而且学校经常会组织相应的创业培训、参赛路演,让我的口语表达能力也变得更好了。但我觉得喜欢做科研和创业也并不矛盾,科研是为了创新,也是在为创业做准备;创业则是为了把科研创新变成产品,有了现实的意义。所以这两者是相辅相成的。

青春独白

科技进步,给人类带来经济的发展、生活水平的提高乃至整个社会文明的进步。因为科技的不断创新,我们才有了更好、更舒适、更便捷的生活。

国家提出科技强国,我们青年科技工作者也要有科技报国的信念。在我看来,越是人类经历艰难险阻时,越能体现科学的价值。比如面对疫情、战争等威胁时,保护人类的是科技成果。大到国家,小到个人,当代生活都离不开科技力量。科技能让不可能变为可能,能让需要帮助的人看到生活的希望。作为中国科大学子,我们更有这样一份责任,把所学科学知识变为能实际解决人民生活问题的实用产品,为百姓生活添亮增色。

专家点评

相较传统LED,近红外钙钛矿发光二极管(NIR PeLED)的最大优势在于制备工艺相对简单,可以采用溶液法大面积制备,这使得NIR PeLED在成本和制备面积上具有优势。而传统LED的制备通常需要复杂的外延生长等工艺。NIR PeLED因其材料特性,更容易实现大面积和柔性器件的制备,这对于显示和照明领域具有重要意义。传统LED虽然也可以实现大面积应用,但在柔性方面存在局限。NIR PeLED在组织穿透性高、自发荧光信号低等特性上优于传统LED,这使得它们在医疗领域的诊断和治疗中具有更广泛的应用前景。

综上所述,NIR PeLED与传统LED的最大区别在于材料特性、发光效率、制备工艺、柔性和大面积应用、光谱特性以及环境适应性等方面。这些区别使得NIR PeLED在某些应用领域具有独特的优势和潜力。尽管NIR PeLED在效率上取得了进展,但相比于传统有机和量子点发光二极管LED,NIR PeLED的工作寿命还远远落后,这是NIR PeLED需要进一步研究和改进的领域。

一般而言,在成熟市场中,技术快速迭代对商业模式的影响主要体现在以下几个方面:

跨界颠覆:技术快速迭代使得某些颠覆性技术能够在原有领域成熟期通过技术融合或颠覆性应用,表现出多领域颠覆效果。这些技术在技术成熟期时,会通过优化技术本身性能的方式适应市场需求,从而“跨界”到其他领域的成熟市场中,对该市场带来巨大影响,甚至直接占领这个市场,改变市场格局。

企业生命周期缩短:技术的快速迭代,尤其技术的快速产业化,让企业产品的生命周期变短,同时也让企业组织周期变短。资本市场的成熟和大量资本的涌入,支持有发展机会的市场和产品,加速行业的淘汰和产能的出清,降低企业的平均生命周期。

商业模式的适应性调整:科技创新是商业模式创新的重要推动力量,技术的明显改变或新技术的出现使得商业模式的构成要素及其相互关系发生改变,从而推动商业模式进行适应性调整或催生新的商业模式。技术的改进或新技术出现所形成的新功能、新价值,会使产品的目标市场和用户结构发生改变,需要企业对细分市场做出针对性的调整。

不过,还必须认识到,成熟市场的用户可能对新技术的接受度较低,尤其是当新技术在初进入市场时,往往不被大多数用户所接受。用户对现有技术的依赖和习惯,以及对新技术的不确定性和风险的担忧,可能会减缓新技术的推广和应用。同时,在成熟市场中,已有的技术和产品往往占据了稳定的市场份额,新技术要打破现有的市场格局需要克服较大的竞争压力。在成熟市场的需求可能已经得到较好的满足,新技术需要提供显著的改进或创新才能吸引用户。在成熟市场中,新技术需要达到一定的成熟度才能被市场接受。技术成熟度不足,可能会限制技术的快速迭代和商业化。

邹崇文

中国科学技术大学创新创业导师、

国家同步辐射实验室研究员

“双创”教育不仅是点燃创意火花的火种，更是培养未来社会变革者的摇篮。在这里，学生们将学会如何将梦想变为现实，如何在挑战中寻找机遇。愿每一位参与者都能勇敢追梦，在创新创业的道路上越走越远，用热情和智慧去创造明天的辉煌。

面向高原环境的自适应智能供氧技术

我国海拔3000米以上高原面积占到国土总面积的33%，氧气含量为海平面的70%，人体在不借助供氧设备时相较于平原地区的血氧饱和度下降5%~7%。部队士兵日常巡逻面临着低氧造成的机体损伤，同时部队紧急进入海拔3000米以上地区存在一周的急性高原反应期，甚至出现急性高原肺水肿、高原性脑水肿，造成非战斗性减员。高原地区的制供氧建设事关高原士兵日常巡逻用氧、战时应急用氧，其建设质量直接关系战斗力的生成。然而现有单兵便携式供氧设备存在供氧时间不足、氧气利用率低等问题，难以满足日常巡逻用氧、战时应急用氧需求。

本项目以提升高原野外供氧能力为重点，建立高原环境下基于人体多生理参数的耗氧量实时估计模型，突破按需供氧和氧气回收再利用两项关键技术，提高氧气利用率，延长现有设备使用时间，最终研制自适应供氧设备样机，完成应用验证。通过项目的实施，能延长现有设备单位氧气的使用时间，提高氧气利用率。

核心团队

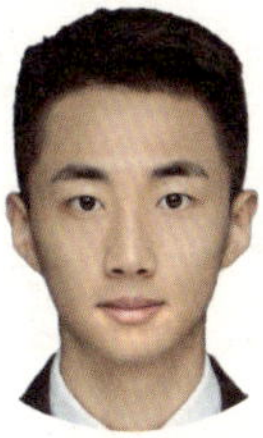

刘桦瑞

研究生院科学岛分院博士生

赵欣彦

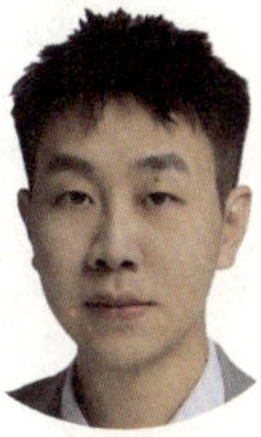

刘镕恺

陈小微

高源

STORY 创客故事

一个更喜欢探索的“坏学生”

古往今来,对历史人物的评价往往是多面的:善恶、好坏、忠奸,不一而足。对学生的评价也比较多元:优秀、普通,学霸、学渣,还有所谓的“好学生”“坏学生”。当然,这样简单的评价划分或许只是一个单一的维度,并不能代表全貌。

比如,什么是“好学生”?成绩优秀应该是个重要的评判标准。但是,成绩优秀就一定是“好学生”吗?未必。与之相反,是不是成绩不优秀或者考试成绩靠后,对学习不是很有兴趣,就要被划到“坏学生”之列呢?也不能这样简单、粗暴地对待。

刘桦瑞就说自己不是一个真正意义上的“好学生”,因为他“不是那么热爱学习,而是更喜欢去探索”。

一

刘桦瑞来自中国科学院合肥物质科学研究院,是一名在读的博士生。在常人眼里,他无疑是妥妥的好学生。但是,他说,“我不是一个真正意义上的好学生”。

事情缘由是他一次上课,来自中国科大校友企业的一位高管在讲课时提到了“好老师和坏学生”的概念。这位高管认为:好老师就是要做科研,同时科研成果能进行商业化转化,中国科大有很多这样成功的例子。因为科研成果转化需要有科研的支撑,而产品不断地迭代、技术不断地进步,需要很大一部分人潜心做科研,坐冷板凳。这位高管同时也指出:

有的学生创业很有激情，但是他们中有些人根本没有接触过市场，一上来就搞“企业”，你懂赚钱吗？你拿实验室的技术去跟别人说，谈投资、谈产品，能谈明白吗？言下之意，这样的学生是“坏学生”。

当然，这只是这位高管的一己之见、一家之言。可是，说者无心，听者有意。刘桦瑞听后觉得这位高管说得挺有道理，并且拿自己认真做了对照，结论是：“我可能就是那个坏学生。”

这样的自我评价，或者说自省，并非说刘桦瑞真的是个“坏学生”，也恰恰证明他一直行走在“创业”的探索之路上。“我说自己是坏学生，但是在专业领域我理解得还算是可以的，因为我会真正潜下心来去读一些东西，这样可以说服我自己，能把事情讲明白；要不然我没法跟老师和其他人聊这个东西。”刘桦瑞是充满自信的。在他读博士的时候，和团队研制出了糖尿病足检测技术。如今，他带领的团队根据高原特殊作业人群及旅游、登山爱好者的需求，又成功研发了一种“面向高原环境的自适应智能供氧技术”。目前，项目已经完成了样机的落地，有产业园在联系项目落地。

面对市场、顺应需求，用自己的专业实现科研成果转化，而且从未停止探索的步伐，从这个意义上来说，刘桦瑞和他的团队没有“躲进小楼成一统”，他们是真正意义上的“好学生”。

二

“面向高原环境的自适应智能供氧技术”是刘桦瑞团队倾力打造的“双创”项目。其中，“一种基于IMU的供氧控制系统”，提出基于人体运动模式识别自动调节氧气流量的技术方法，已经获得了发明专利；“一种智能供氧系统”，提出通过建立基于人体多生理参数的耗氧量实时估计模型的方法，已经进入发明专利申请实质审查阶段。

什么是自适应智能供氧技术？刘桦瑞从专业角度做了一个通俗的

解释：“我们做了一个可以接在氧气瓶上的供氧流量控制器，它能根据用户实际需要的氧气量来供氧，从而让进入高原的用户在携带一定重量的氧气瓶时能够使用更长的时间。核心点是根据心率、血氧浓度等参数计算用户所需要的氧含量。这样就可以解决现有供氧设备供气流量固定、供氧浪费严重的问题。”

但凡在高原地区工作或去高海拔地区旅游过的人都清楚，高海拔地区的大气呈现低压、低氧的特点，随着海拔高度的增加，空气变得稀薄，有些人就会不同程度地出现头痛、恶心呕吐、反应迟钝等高原反应症状。这时候，就需要额外补充氧气吸入来维持身体机能的正常运行。很多高海拔地区工作人员会随身携带氧气瓶或氧气袋供氧。但是，问题来了：吸氧不足，不解决问题；吸氧过多，又可能会导致氧中毒，按照医学的说法，吸入氧浓度高于50%易导致氧中毒性肺损伤。还有一个问题，一次旅行带多少氧气才合适呢？

这些问题，刘桦瑞和他的团队都认真进行了分析研究。在他们看

来，传统的供氧模式对氧气造成了浪费，无法长时间使用，目前市场上的脉冲式供氧系统存在着反应灵敏度低、有时吸气不供氧，以及供氧量不能随人体需求而改变的缺陷。因此，自动调节供氧量就成为更好的选择。“我们这个产品就是面对高原特殊作业人群，通过对用户实施健康监测，完成按需供氧。这样的话，首先是对用户进行健康监测，其次是达到省氧的目的。同一个氧气瓶，我们通过精确供氧可以延长使用时间。”

刘桦瑞提到的“自动调节”是针对“手动调节”而言的。他说，现有的脉冲式供氧系统采用按照固定的时间间隔进行脉冲供氧的方式，不能和用户的呼吸进行自动匹配；有的脉冲供氧系统需要用户根据自身感受对供氧量进行手动调节，浪费用户时间且氧气的利用率不高。而用户做的是自动调节开关，就是通过一个电磁阀控制它的开度，达到氧气流量的控制。“我们一个呼吸的周期一般是五秒钟，按这个调节频率进行控制，通过用户每一次呼出的气体量、实时的心率等，可以计算出用户下一口气需要的氧气，这就实现了实时按需调节。”

听起来原理很简单，就好比一层窗户纸，轻轻一捅就会破，但是，其背后的逻辑和付出并非一朝一夕就能完成，需要敏锐的眼光、极大的耐力、超级的智慧，当然，还有独特的技术……

三

如今，当我们在应用或使用某项产品时，会有意无意忽视其背后的原理，也会忽略科研工作者为之日复一日、年复一年的辛勤付出，甚至有时还会觉得有点理所当然。这不就是科研工作者干的工作吗？其实，他们的每一份付出都值得尊重，正如前面那位企业高管所言，正是他们多年的“坐冷板凳”，才有了我们今天享受的“热生活”。

就拿刘桦瑞团队研发的“面向高原环境的自适应智能供氧技术”来说，其中，基于IMU的供氧控制系统，需要有效识别用户呼吸动作、自动调节供氧量、准确进行供氧控制，供氧模块包括氧气瓶、供氧管路、电磁阀、氧气面罩和三通元件，还包括运动状态识别模块、生理参数采集模块、呼吸信号检测模块及控制模块。容易吗？答案自然是否定的。

刘桦瑞说过程确实是困难重重，他举了个简单的例子：“我们现在拿一包正常的薯片到高原，薯片就胀袋了，到高原之后，人的各项循环系统、代谢系统也是有变化的。我们不可能让团队人员直接到高原做实验、采集数据，我们就要模拟，正好赶上新冠疫情，我们出不去，别人又过不来。加上又没有低压氧舱这样的设备，所以实验过程真的是困难重重。硬件方面搭起来就可以用，只用了半个月，但是实际优化是一个很漫长的过程，一直到各项数据的优化，形成型号产品，然后可以不断地迭代，就像手机一样。”

不停地实验、优化产品是一方面，作为工科博士，刘桦瑞还得去研究医学，他还参与了一项糖尿病足检测技术的研发，那同样不是一件轻松的事情。“糖尿病涉及的内容很广，内科、外科都要学习。”好在刘桦瑞比较“较真”，有种不服输的精神，不仅喜欢探索，有时还刻意和自己“过不去”，“我要理清楚，在逻辑上是通的，才能出去‘讲故事’。”这是刘桦瑞的一种特质，或许也是中国科大“双创”学子特有的气质所在：想明白、理清楚、讲逻辑、不服输。

刘桦瑞说那天，校友企业的高管没有说到“好学生”的概念，所以没办法进行自我对照。不过，在他心中，一直有自己的梦想与追求。“我不是一门心思搞科研、发文章的人，我不喜欢这种模式，科研和创业并举会更有趣。”言语中透露，他仍想做一名不断探索、持续创新的“坏学生”。

项目价值

现有设备供氧流量固定、单位氧气使用时间短、氧气利用率低等情况，高原缺氧对初入高原的人群特别是部队士兵将造成严重危害，如加剧人体生理负荷、认知功能下降、免疫功能受到抑制、增加机体的易感性等。

面向高原环境的自适应智能供氧技术，研究建立高原环境下基于呼吸末二氧化碳浓度、呼吸频率、心率等生理参数的耗氧量实时估计模型，通过模拟高原环境，建立人体耗氧量、血氧饱和度、呼吸率、心率、呼吸末二氧化碳浓度等生理参数的目标数据库，分析各数据特征，利用统计学意义上的特征描述与特征提取方法以及多参数融合方法，建立耗氧量的实时估计回归模型。

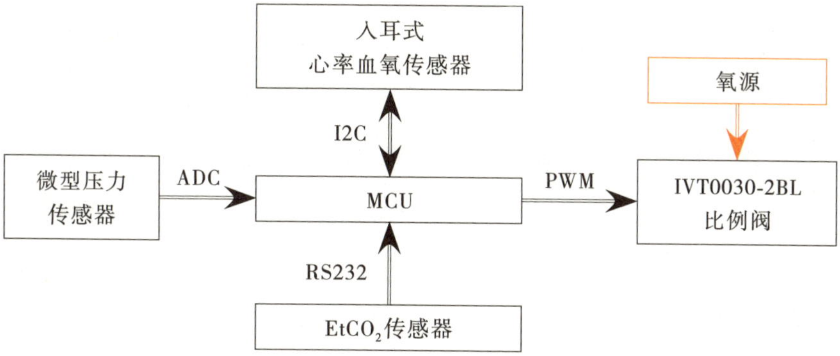

生理参数采集模块

项目研究基于多传感信息融合的供氧智能控制方法，研究不同海拔高度输氧浓度的控制方法，优化耗材寿命，延长使用时间；研究基于多参数融合的输氧量动态调节方法，实时调节供氧频率满足运动前、中、后各阶段的供氧需求。项目研究呼出气体氧气回收方法、研究呼出气体净化方法、回收方法。通过对呼气气体中氧气的回收利用提高氧气的利用率，延长供氧设备使用时间。

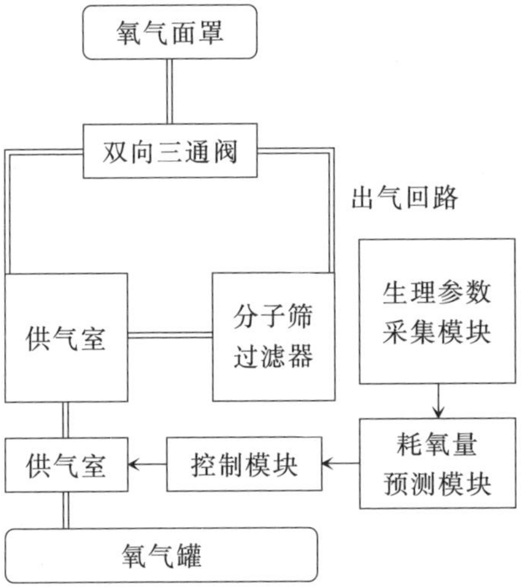

总体方案设计

同时，项目研制基于耗氧量实时估计模型的智能供氧机，搭建基于多传感信息融合的智能供氧系统，通过实时采集人体各项生理参数，运用多传感器信息融合的方法实现自适应供氧；通过呼出气体氧气回收模块，对呼出气体中的氧气回收利用，提高氧气利用率。

综上所述，通过建立基于人体多生理参数实时估计模型，依据实时采集的人体生理参数，实现自适应调节供氧量；通过分子筛技术实现对呼出气体中氧气的回收再利用，提高氧气的利用率。这是面向高原环境的自适应智能供氧技术项目的两大创新点。

访谈心声

主持人：你的创业项目到底做什么的？项目最与众不同的核心点是什么？

刘桦瑞：我们做了一个可以接在氧气瓶上的供氧流量控制器，它能根据用户实际需要的氧气量来供氧，通过实施健康监测，完成按需供氧，从而让进入高原的用户在携带一定重量的氧气瓶时能够使用更长的时间。它的核心点就是根据心率、血氧浓度等参数计算用户所需要的氧含量。

主持人：这已经是一个产品了吗？

刘桦瑞：基本上已经是可以用的东西了。

主持人：和现在氧气瓶相比，它的优势在哪？

刘桦瑞：就是实时调节。我们一个呼吸的周期有五秒钟，按这个调节频率进行控制,通过用户每一次呼出来的气体量、实时的心率等,可以计算出他下一口气需要的氧气,这实现了实时按需调节。

主持人:这样的产品要涉及哪些学科?

刘桦瑞:医学和工学。氧是人体用来代谢的,很多团队在做的代谢车也是满足同样的需求。我们下一步可能也会做代谢车。我们当下做的产品是便携的,跟耳机结合,跟心电结合(心电是蓝牙式的,贴在身上的)。代谢车一般用在病房里,是一个大的装置,与我们产品的应用场景不一样。

主持人:做这个花了多长时间?

刘桦瑞:做硬件花了半个月。做模型很困难,举个简单的例子,我们现在拿一包正常的薯片到高原,薯片就胀袋了,到高原,人的各项循环系统、代谢系统是有变化的。我们不可能让团队人员直接到高原做实验、采集数据,我们就要模拟。我是2020年入学的,2021年正式开始做,安徽没有低压氧舱这样的设备,需要找到这样的设备。后来实验过程中真的是困难重重。

主持人:创业对你意味着什么?

刘桦瑞:对我来说,创业意味着人生全新方向的打开,很大程度上拓宽了我的视野和对社会的认识,是真正意义上走出校园接触社会的一步。也是所做的实验室项目发展到一定程度,希望有机会看到项目落地,恰逢科大基金支持,看到了创业契机。

主持人:在你看来,做科研和创业,最大的区别是什么?又有哪些相似之处?

刘桦瑞:最大的区别是科研相对来说不太需要和太多人打交道,更多时候专注技术上的提升;而创业则更需要学习怎么直观地向其他人展示自己的技术。相似之处在于都需要在现有的市场或是论文中挖掘新内容。

主持人:创业给你带来了哪些改变?

刘桦瑞:锻炼了我的时间安排能力,提升了表达沟通能力,学会从市场需求挖掘全新的科研方向。

主持人:目前为止,在创业过程中,遇到的最大瓶颈或挑战是什么?有独特的解压方法吗?

刘桦瑞:最难的时候是和团队成员一起攻克技术难题,我们相互支持度过了这段时间。解压方法就是在完成一段时间的工作在可以短暂休息的节点,我们一起出去吃吃饭、聊聊天,抛开工作,沟通生活上的事情。

主持人:项目目前进度条是百分之多少?此刻还担心什么?

刘桦瑞:目前的进度为50%吧。刚刚完成样机的落地,已经有产业园在联系项目落地。最担心项目的实际落地过程中会受到哪些阻碍,是以前的生活工作经验完全没有覆盖的领域,对我而言是全新的挑战。

主持人:在你的项目全过程中,得到过哪些帮助吗?

刘桦瑞:在项目的过程中得到了导师的全力支持,也得到了来自中国科大创新创业学院的很多支持。最大的帮助是此前在创新创业学院开展的课程中实际接触到了投资人,这是真正搭建了我作为一名研究生从科研到创业的桥梁,虽然并非实际作用在这个项目上的投资,但在其中学到的让我受益匪浅。

青春独白

科技强国对我来说意味着通过重视教育培养、持续投资科技领域、鼓励创新创业和提供支持政策等措施来推动科技进步和国家发展。作为青年创业者,我们可以努力学习与应用前沿科技知识,发展具有竞争力和创新性的产品或服务,为国家的科技进步和经济发展做出贡献。

青春报国是年轻一代为国家和社会的发展做出积极贡献的一种使命。作为青年创业者,我们可以通过创新创业,促进经济增长、就业机会增加和社会发展。我们可以积极关注和参与社会问题,从社会实际需求出发,以自身的专业知识和创新能力,满足社会实际需求。

专家点评

培养创业意识是一个多方面的过程,涉及教育、实践、环境等多方面的因素。

唤醒学生的好奇心:通过教育和实践活动,激发学生的好奇心和探索精神,这是培养创业意识的起点。

增强创业意识:通过课程和实践活动,增强学生的创业意识,使他们意识到创业的可能性和重要性。

改善创新环境:创造一个支持创新和创业的环境,促进学生的创业活动。

培养多元化思考:教育学生从多角度思考问题,提高他们的创业能力。

激发技术创新潜能:通过各种项目和计划,激发学生的技术创新潜能。

引导自我探索:鼓励学生进行自我探索,深化个人核心竞争力。

更重要的,是建立多元评价体系,不是区分“好”学生和“坏”学生,而是把所有学生都培养成不一样的“好”学生。

李良彬

中国科学技术大学创新创业导师、

核科学技术学院/国家同步辐射实验室教授

在解决真问题过程中培养创新力，在创业路上提升创造力！

青研科技:开创生态碳汇数字化新方案

青研科技专注于生态碳汇领域,致力于解决碳汇监测、交易和管理方面的难题。借助多源卫星遥感分层、生物物理化学建模算法、空天地一体数据采集方案和互联网技术,提出了联合创新型解决方案,提供生态碳汇一站式服务,满足客户在生态碳汇领域的多重需求。产品区别于传统产品手段,能帮助客户在碳汇监测及计量过程中大大提高工作效率,节省人力、物力和时间成本,同时让碳信用购买方获得的碳汇数据更加透明、实时;提高数据的精确性和可靠性,为环境保护和碳汇管理提供有力的支持。

目前,公司业务以定制化的委托开发为主,提供全方位碳汇的监测、开发和销售服务,通过销售碳汇与业主方分成获得收益。

核心团队

兰选一

管理学院硕士

李波

王怀新

创客故事

让绿水青山变成金山银山

什么是湿地碳汇?

环保界有句话:生态好不好,鸟儿最知道。

每年秋冬季,巢湖沿岸的湿地公园都会迎来大批越冬候鸟,其中不乏东方白鹳、白琵鹭、小天鹅、灰雁等国宝级“明星鸟”。它们或在湿地上空翱翔盘旋,或在巢湖广阔的水面上追逐抢食,吸引了众多摄影爱好者认真蹲守,兢兢业业记录下这独属冬日的视觉盛宴。

这些“明星鸟”的到来,得益于长江流域十年禁渔政策和湿地生态环境的持续改善,丰富的食物资源和良好的生态环境,才能吸引诸多候鸟飞抵巢湖越冬或度夏。据统计,巢湖沿岸有记录的鸟类总数已达287种。随着环巢湖十大湿地全面建成,这个数字还将不断刷新。

很多人可能并不知道,“湿地”这个概念源于水鸟。

因为水鸟栖息地与人类生存环境关联度太高,国际组织为保护水鸟(当时称为水禽)而提出保护湿地,1971年2月2日在伊朗拉姆萨尔订立《关于特别是作为水禽栖息地的国际重要湿地公约》(简称《湿地公约》),该公约于1975年12月21日正式生效。

湿地的主要生态功能,一是作为水鸟的栖息地;另一就是保持生物的多样性。湿地生态功能的最佳状态是:既能涵养水源,也能保护浮游生物,还利于鸟类、鱼类栖息。

现在,湿地还要增加一项新功能,那就是碳汇。

什么是碳汇?

“碳汇”一词首次出现于《〈联合国气候变化框架公约〉京都议定书》中。广义的碳汇,指温室气体的清除过程。

“碳汇”与“碳源”属于反义词,共同构成地球生态中的碳循环。

工业类企业在生产活动中产生了大量温室气体,形成排放需求;政府出台限制性法规,高于法定限制量的排放量就形成额外排放需求;农业类项目在种植等生产活动中可以吸收定量的温室气体,经第三方专业机构测算后,被核证的量形成碳汇供给;双方通过自主接触或于交易平台上互换信息,需求量与供给量匹配,交易价格确定,最终交易成功。

气候变化问题已成全球关注焦点,中国也在积极采取生态建设相关措施应对气候变化。中国承诺在2030年前实现碳达峰,这几年,碳汇成了一个热门词汇。

生态碳汇已成为了碳信用市场的第一大来源。除生态碳汇外,还有林业碳汇、农业碳汇等。其实,湿地碳汇也是一个碳汇“富矿”。

湿地为什么可以“碳汇”?湿地生态系统极复杂,水体、植物、土壤、大气等都可以通过“碳呼吸”,吸纳数量不等的二氧化碳。湿地植物通过光合作用吸收大气中的二氧化碳,随着根、茎、叶和果实的枯落,堆积在微生物活动相对较弱的湿地中,形成了动植物残存体和水所组成的泥炭。由于泥炭水分过于饱和的厌氧特性,植物残体分解释放二氧化碳的过程十分缓慢,从而有效固定了植物残存体中的大部分碳。

有数据显示,湿地面积虽然仅占地球陆地面积的4%～6%,但湿地生态系统却贮藏着全球高达20%～30%的碳。

新时代的“靠湖吃湖”

2024年8月30日,湖南省岳阳市君山区政府与中国科学技术大学地球和空间科学学院共建君山湿地生态碳汇研究中心揭牌。这是全国首个淡水湿地生态碳汇研究中心。双方签订共建框架协议,致力于打造全省乃至全国湿地生态碳汇研究标杆。

兰选一的创业项目“青研科技”,也是在湖南君山成功落地的世界首个淡水湿地修复碳汇项目,填补了行业空白。

合肥青研信息科技有限责任公司成立于2022年5月,公司成员约20人,大多来自中国科学技术大学和其他国内外顶尖高校。兰选一出任总经理,在公司主要负责运营。

他坦言，当前碳汇市场仍处早期发展阶段，市场有诸多痛点。传统的碳汇监测及计量、文件编写过程全流程依赖人力独立完成，导致人力成本高、耗时长，且容易产生误差。以上原因也导致了碳汇市场当前存在开发种类单一、数据不规范、开发成本高、周期长等问题。

青研科技则借助多源卫星遥感分层、生物物理化学建模算法、空天地一体数据采集方案和互联网技术，提出了联合创新型解决方案，提供生态碳汇一站式服务，解决市场困局，满足客户在生态碳汇领域的多重需求。

为什么会选择在洞庭湖落地公司的第一个项目呢？原因是：兰选一的家乡就在湖南省岳阳县，他自小生活在洞庭湖畔。

每次和别人介绍家乡时，他都有点"凡尔赛"地说："小地方，就是那个《岳阳楼记》里的岳阳，衔远山，吞长江，浩浩汤汤的洞庭湖。"他说童年在家乡也没什么好玩的，大家就常去湖边，那时湖面上还有很多渔船，不少渔民以船为家，夏天傍晚总能看到渔歌晚唱。后来因为生态治理，洞庭湖和巢湖一样也全面禁渔，很多船家上岸讨生活；以前湖面上喷着黑烟的挖沙船也不见了,“环境确实变好了,现在是主题公园,湖畔都修建了非常好的马拉松赛道,但很多童年的记忆都不在了。”

这可能就是兰选一创业最底层的驱动力。

“洞庭湖的湿地项目,参与者在当地不仅有政府,还有当地村民,我们在一期项目开展时,就给当地50多个村民带去了工作机会,等湿地碳汇成交后,村集体还会有分红收入。”

那一刻,“绿水青山就是金山银山”这句话具象化了。

据悉,君山湿地生态碳汇研究中心项目正是由君山农垦集团与中国科学技术大学地球和空间科学学院合作开展的项目。项目明确了洞庭湖及长江中下游湿地生态环境监测评估和碳汇资源开发等目标,在湿地生态环境现状调查评估及治理、碳汇计量与监测、湿地碳储量和碳收支以及碳汇价值和碳交易等前沿创新领域展开研究,打造湿地生态碳汇科研高地。

非典型的中国科大学子兰选一

在网上搜“兰选一”三个字,会显示出“中国科学技术大学地球和空间科学学院本科毕业生兰选一”。是的,他刚入学中国科大时,就读的是地球和空间科学学院大气学专业,后来才转去金融工程系。本科毕业后,他也没像其他科大同学一样选择深造,而是自主创业去了,做过乡村振兴项目,做过K12教育项目,还做过文旅融合项目……总之,是个挺能折腾的人。

他回忆自己入学时,宿舍楼后有一块工地24小时施工,特别吵人。但大部分同学只是发发牢骚,大不了在自习室熬到熄灯才回宿舍倒头就睡。他觉得这样不是办法,于是组织学生参观工地,和学校协调,还跑去与市里的住建部门沟通,最终问题顺利解决。“其实挺耗费个人时间的,也没有所谓的‘好处’,但我发现自己还挺喜欢去解决问题,因为自己的努力让周围环境发生改变,给了我很大的成就感。”

后来他又参加了学校的志愿者协会,还在校学生会担任主要领导职务,“大学期间这些公益工作极大锻炼了我的沟通协调能力,我也很喜欢这种一件件解决问题的状态。”

这简直就是创业“圣体”啊!

青研科技的技术总监叫李波,是中国科学技术大学环境工程系博士,和兰选一是本科同学,博士阶段研究的课题是生态遥感算法,还曾获赵九章奖学金,是个妥妥的学霸。

兰选一在做乡村环保创业时,发现了碳汇市场的需求和商业空间,于是找到这位老同学,说:“这事值得做,意义重大,我们现在开始就是行业先行者,而且我也能找到实践途径,咱们要干的是绿色低碳事业,又能助力乡村振兴,多有意义”。

老同学就这样被他“忽悠进组”。兰选一坦言,每个人的天赋不同,他就不太喜欢搞科研,但总需要有人做科技落地的事啊,“我热衷于帮助合伙人把论文写到祖国大地上。哈哈!”

创业公司,除了要面对市场的惨烈筛选外,合伙人之间的沟通协调也是非常重要的工作。兰选一也开诚布公地说:“典型科大人都是做研究为主,定一个目标,要想办法达到标准,做科研要有韧劲,很可能是一条道走到黑。创业则像是站在十字路口,老让你选择。我做公司也有好几年了,最大的感触是,商业里充满妥协,不能像做科研那样不计成本,要讲性价比,讲商业逻辑。如果说团队彼此有什么不同,那就是有一些同事至今还没有真正走出过校园,比较执着于技术的精益求精,但其实创业也需要有商业思维和市场思维,‘完成’有时比‘完美’更重要。”

我很好奇他们会因为公司事务争吵吗?

“我们上本科时就认识了,十几年的老朋友了,默契还是有的,真正的争吵暂时没有,但会有一些分歧,肯定还是协商为主,现在团队每周都会开例会,大家一起把事情充分研讨,充分商量,再共同想办法解决问题。”

兰选一说,创业的本质,就是不断沟通,把信息和资源对接顺畅。

比如碳汇市场,虽然看上去前景广阔,但目前资源方和资金方也面临各自的困境。比如,拥有资源的农民方不懂得技术,不知如何通过农业活动产生碳指标,不知道相应产生的碳汇量又是多少。对于企业方而言,如何获得碳收益以及如何管理碳资产,也是不少企业面临的难题。对于很多政府工作人员来说,毕竟不是学科对口,也缺少对碳相关的理解和技术,因此对如何实施政策、如何引导专项资金、从何处购买碳汇资源、如何进行投资管理等问题感到棘手。

“青研科技做的,就是通过研发三大核心技术,解决碳汇不会测、测不准难题,在碳汇交易中为买方、卖方保驾护航,为双方架起连接的桥梁。”

项目价值

生态碳汇已成为碳信用市场的第一大来源。2023年7月7日生态环境部就《温室气体自愿减排交易管理办法(试行)》公开征求社会意见。这一文件的发布意味着暂停多年的中国核证自愿减排量(CCER)重启在即,中国的碳交易市场即将爆发式增长。

当前碳汇市场仍处在发展的早期阶段,尽管国家对于碳汇监测的重视程度不断提高,但市场仍然存在诸多痛点。目前碳汇市场存在开发种类单一、数据不规范、开发成本高、周期长等问题。

青研科技提供全智能的、先进碳汇监测一体化解决方案,实现各种生态环境下的碳汇监测:数据采集阶段利用空天地一体数据采集方案,利用高光谱卫星分层、激光测绘、GIS+采样平台等手段,提升数据质量缩短采集时间;数据建模阶段采用生物物理化学模型算法,将地上、地下碳汇全类型建模,通过时空网络模型动态预测,可满足农、林、草、湿全类型建模开发;数据验证阶段,提供多源卫星遥感算法和独立验证并根据客户要求提供可视化的系统,有效增加碳汇计算精度减少误差,并且让碳汇数据更透明。

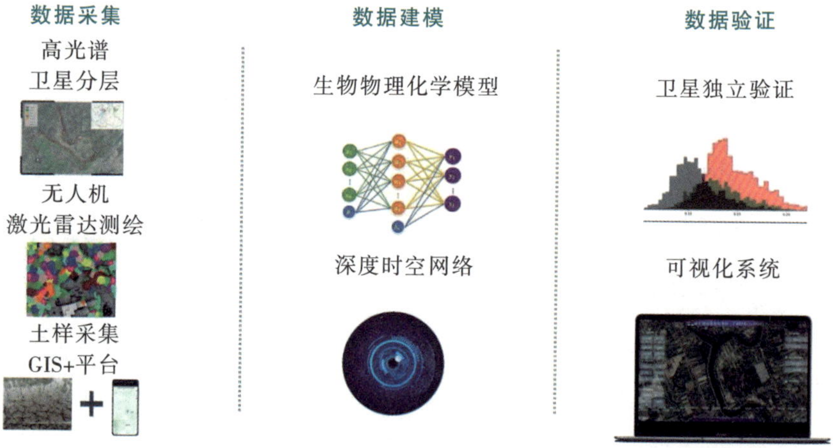

产品描述

青研科技致力于推动碳汇行业的健康发展,帮助乡村振兴,为环保事业做出积极贡献,推动"将绿水青山变成金山银山",实现经济和生态的双赢。

访谈心声

主持人:创业对你意味着什么?

兰选一:创业对我而言,不仅是实现自身价值的过程,更是推动社会可持续发展的途径。我的创业选择,也是基于对碳汇市场前景的积极预期。

主持人:中国科大培养的人才好像更喜欢做理论研究吧?

兰选一:我热衷于帮助有科研才华的同学,把论文写到祖国大地上,哈哈!可能因为家里人也经商,关于创业选择,家人和朋友还是给予了全力支持,他们认为无论是做创新科研还是搞创业,都是积极的人生选择。

主持人:创业有没有给你带来哪些改变?

兰选一:还挺多的。首先,我在领导能力以及解决问题的实践能力上有所提升;其次,拓展了人际关系网络,结识了许多优秀的合作伙伴与导师;最后,在创业过程中,也逐渐培养出更强的市场洞察力。

主持人:你觉得做科研和创业,最大的区别是什么?又有哪些相似之处?

兰选一:科研侧重于深入的理论研究,注重知识的发现和学术贡献;而创业则更关注实际应用和市场适应性,旨在解决实际问题并创造商业价值。但是二者也有相似之处,都需要科学方法论和解决问题的能力,创业则更注重商业思维和团队合作。

主持人:你在项目推进过程中,得到过哪些帮助吗?

兰选一:在项目全过程中都得到了来自学校特别是创新创业学院老师以及合作伙伴的帮助和支持。创新创业学院提供了很多专业经验和资源,让我们的项目能够快速成长。

青春独白

如果青研这个项目能获得成功,我觉得对于全球的碳交易事业都有着积极的推动作用。如果因为这个项目还能获得不错的财富回报,我也会投入更多资源和精力,来支持可持续发展项目和创新活动,因为科研是需要不断投入,才能换来科学技术的不断迭代。

作为一名起步于中国科大的青年创业者,我和很多同学一样,对科技强国有着很深的信念感。相信我们一定能通过科技创新推动国家的发展,中华民族一定会伟大复兴。每代人都有自己对青春报国的理解和路径,我们这代青年创业者,也会努力将个人才能和激情投入到国家建设和社会发展中去,为国家的进步和发展贡献自己的一份力量。

专家点评

目前,越来越多的企业开始选择参与碳汇生态体系,可以提升其环保形象,还能为实现可持续发展目标做出贡献。目前可选择的企业策略行为包括:

参与碳排放交易市场,打造绿色企业形象:企业可以通过在市场上买卖碳排放配额来减少碳排放,购买碳排放配额以抵消自身的碳排放,实现碳中和。这不仅减少企业的碳排放,还可以提升企业形象,树立企业在环保领域的领导地位。

建立健全碳管理体系:在整个公司层面建立碳管理体系是应对全国碳交易的重要抓手,能有效应对碳交易政策和市场环境变化。

积极参与政策制定:主动参与碳市场政策的研究、讨论和制定,结合企业自身碳排放实际,分析现行国家碳排放管理体系和方法对企业的影响,及时向主管部门反馈诉求和建议。

加强碳资产管理能力建设:开展碳资产管理能力培训,推动企业内部专职队伍建设,培养碳资产管理专职人员,提高从业人员的业务素养和工作能力。

充分利用碳汇交易制度:碳汇交易制度优化资源配置,降低减排成本,并赋予企业更多自主权,调动企业减排的积极性。企业可以根据自己的经营状况选择最有利于自身发展的减排策略。

但是,当前碳汇市场认知也面临着相当多的挑战:

从企业视角来看,碳价低、开发成本高,企业难以仅靠碳汇收益盈利,造成企业在碳汇项目中的投资吸引力不强。

公众参与途径也比较有限,目前个人和机构投资者尚不能参加全国碳交易，限制了碳汇市场的参与度和活跃度。

另外，我国碳市场建设相关政策制度体系不够健全，自愿减排管理机制不够完善，项目产权不够明晰，项目开发交易流程复杂，碳汇交易品种和补偿机制相对单一。碳汇交易涉及产权确权、资源监测、价值核算、核证备案等多项环节，监管部门对碳汇交易流程的规定过于严苛和复杂，增加了参与碳汇交易项目的交易成本，导致碳汇产品价值实现渠道受限，碳汇产品与其他生态产品协同促进价值实现的渠道偏少，导致大量的碳汇生态产品不能转化为市场上可流通的合格商品。

这些因素是碳汇领域创业企业必须认真对待的，也意味着碳汇领域存在着很多商业机会。

李　玉

中国科学技术大学创新创业导师、

安徽广播电视台广告创收领导小组原组长

新苗破土需要滋润，星星之火可以燎原，愿科大创新创业教育让更多的新星更好地为国家科技创新做出贡献！

人机之桥:多模态交互机器人

随着人工智能技术的飞速进步,社会对于更加智能和个性化的人机交互体验的需求正急速增长。在这一趋势的推动下,提高人机交互的识别和沟通能力已成为人工智能和机器人技术领域亟待解决的关键性问题。

致力于开发能够进行多模态交互并个性化地响应用户需求的机器人,基于扎实的学术研究和深入的技术了解,本项目团队汇聚了来自中国科学技术大学机器人实验室、管理学院和大数据学院的优秀硕士与博士研究生。团队旨在克服人机交互领域的核心挑战,例如,提升精确的识别能力、实现流畅的沟通以及打造高度个性化的交互体验。

该多模态交互机器人集成了尖端的仿生面部驱动结构、拟真面部柔性材料与精密的机器人手臂硬件技术,还融合了深度学习的卷积神经网络技术用于人脸识别,以及前沿的语音合成技术,共同推动实现更高级人机协作,显著提升了交互体验的自然性和流畅性,确保智能设备更好地理解和响应人类的需求。

目前,团队已成功开发出多款面向企业端(B端)市场的人形机器人、仿生机器人和卡通机器人的定制化交互机器人,并计划在近期将业务拓展到针对养老陪伴行业的客户端(C端)市场,以满足不同场景和用户的需求,使机器人能够更好地融入人类社会和日常生活。

核心团队

曹荣昀

计算机科学与技术学院博士生

唐冰

梁聪

吴昌洋

杜海玲

王志鹏

STORY 创客故事

"人形机器人"的寻梦之旅

"怎么把'可爱'这种情绪通过机器人传递出去呢?"在这次创客故事的采访当中,记者好奇地询问了一个充满未来感的话题。坐在记者对面的曹荣昀,中国科大计算机科学与技术学院博士在读,拥有7年软体和仿生机器人研发经验。他的多模态交互机器人团队刚刚完成了一个令人惊叹的项目——1:1仿生的大熊猫机器人。

曹荣昀带着得意的微笑回忆起那段经历:"我们从合肥开车,连续驾驶了20个小时抵达成都。当我们将机器人熊猫搬下车,放到大熊猫基地时,工作人员们惊讶地跑过来,他们几乎以为是一只真熊猫蹦跳而来。那一刻,我们所有的疲惫都烟消云散了。"

曹荣昀团队打造的仿生大熊猫机器人瞬间成为了四川大熊猫基地游客们的新宠,它不仅仅模仿了熊猫的外表,还捕捉到了熊猫那种令人心动的憨厚与可爱。曹荣昀解释说:熊猫机器人拥有自己的"人格",能够像朋友一样与游客互动,用它的"心"去聊天、开玩笑,甚至用温暖的语气打招呼,让每一个与它相遇的游客都能感受到一种特别的情感连接。

从四轮小车到智能机器人的探索之路

在深入了解曹荣昀的创业历程之前,让我们先去认识那个塑造了他人生轨迹的温馨家庭。曹荣昀从小便对汽车抱有一种难以言喻的热爱。在这个充满松弛感的家庭中,他从父亲那里继承了丰富的汽车知识。那些父子俩关于汽车的深入对话和实践经验，至今仍深刻印在他的记忆中。

曹荣昀的科技之旅从一个对变形金刚"小汽车"兴趣开始。这些能够从汽车变成机器人的玩具激发了他对机械转换和智能控制的好奇心。在曹荣昀的中学时期，他并未预见自己未来将与机器人研究发生紧密联系。那时候，他心中燃烧的梦想是自主研发中国的发动机。曹荣昀说："当时的我有一个朴素的想法，就是希望做一个中国拿得出手的汽车，能在国际舞台上傲视群雄。"正是这股对汽车深沉的热情，点燃了他的创新思维之火。在父母的引导下，他学会了搜集大学课程材料，自学相关的物理和机械原理，不断丰富自己的知识库。

在2020年，未满17岁的曹荣昀踏入了著名的科技摇篮——中国科大少年班学院，选择物理这一学科，开始了他的科学探索之旅。自幼怀揣科学梦想的他，在这座科技的殿堂里，那颗种子迅速生根发芽。他不断深入研究尖端科技，特别是那些散发着未来气息的新兴技术。随着时间的推移，曹荣昀对机器人技术这一既充满挑战又饱含创造力的领域产生了浓厚的兴趣，他看到了这个领域无限的可能性。

曹荣昀回忆说，动画电影《超能陆战队》，点燃了他对机器人世界的热情。电影中，一个名叫"大白"的机器人伙伴展示了机器人在医疗、陪伴方面的巨大潜力。

机缘巧合之下，曹荣昀还有幸与电影中机器人原型的设计者交流。这段有趣的经历为他打开了一个新世界的大门，也坚定了他的信念：机器人技术是连接梦想与现实的桥梁。从那时起，他将从小到大积累的知识和热情投入到了机器人技术的研究与开发中，致力于将那些曾经只存在于想象中的机器人变为现实。

为机器人注入温度与情感的创新之路

在曹荣昀构想的未来,不久的将来,或许短短三到五年内,我们每个人的身旁都将拥有一个机器人伴侣。这些机器人能够根据个人的需求量身定制,无论是在外观、性格、人格特质还是功能方面。它们不仅能够洞察我们的内心世界,还能在我们忙碌的生活中提供陪伴,记录生活的每一个精彩瞬间,并在我们需要时给予那份特有的“机械温度”,带来最真挚的陪伴感。

曹荣昀团队研发的大熊猫机器人之所以令人着迷,就是让我们看到了这份真实的情感。团队成员通过创新性的技术将机器人技术和仿生学结合起来,创造出了一种全新的情感交互体验。在这种情感交流的背后,是对机器人硬件和软件的深度整合。

硬件方面,他们开发了具有高度自由度的仿生平台,这些平台能够模仿包括人类和动物在内的生物的运动和表情。他们的人形机器人拥有24个可以运动的部位,包括头部、脖子甚至面部的眼睛、嘴巴和眉毛。同样,他们为大熊猫机器人赋予了耳朵、脖子等部位的运动能力,使其能够做出各种自然的动作。

软件方面,他们致力于开发能够理解和响应人类情感的人工智能算法。这意味着机器人不仅能够执行命令,还能够与人类进行有意义的互动。这不禁让记者感叹:他们的成果不仅仅是技术上的突破,更是情感交流的一种探索。这种人性化的交互功能,让机器人不再只是一种冷冰冰的机械设备,而更像是一种具有情感和互动的伴侣。

曹荣昀团队的工作展示了多模态交互机器人在多个领域的应用潜力。无论是在家居、商业、医疗还是教育领域,这些机器人都能够提供帮助和服务,同时增添一份特别的情感色彩。通过模仿生物特征和情感反应,这些机器人有可能改变我们与技术的互动方式,为用户带来更加丰富和深刻的体验。

未来的你,走在路上,可能有一个像擎天柱那样威武的机器人在背后默默守护,或者一个像小狗一样可爱的机器宠物在前方活泼领路。这不再是科幻电影的情节,而是曹荣昀所描绘的在不久的将来可能成为现实的世界。

把机器人发展为家庭新成员的未来之路

曹荣昀是一位勇敢和坚定的创业者,他深知多模态交互机器人创业之路并不是一帆风顺的。他认识到,对于大多数创业者来说,真正的挑战在于如何准备好面对不可避免的挫折和不确定性。在他的创业旅程中,特别关注了科大讯飞即将发布的两款机器人——一款人型机器人,一款家庭陪伴机器人。

曹荣昀意识到竞争对手的创业方向与团队高度重叠。他意识到一定有区别于它的地方,自己的团队不可能跟他们一模一样,区别点就是自身的优势和突破口。

对曹荣昀而言,创业不仅是追求个人梦想的过程,更是解决社会问题,提供价值的机会。面对科大讯飞等竞争对手,他并不气馁,并意识到每一家企业都有其独特之处,而他的团队也将找到他们的特色和优势,以此作为突破点。

在面对这些挑战的过程中,曹荣昀团队的洞察力和同情心驱使他们深入研究一个社会痛点问题:随着年龄的增长,人们的社交圈往往变得越来越小,尤其是对于独居和高龄老人。孩子们忙于自己的生活,常常无法为父母提供足够的陪伴和支持。这种孤独感和被忽视的感觉,是一个普遍存在的问题,特别是在老年群体中。

曹荣昀说:"我特别看重的是陪伴老年人的机器人。"他认为这不仅是一个极富吸引力的研究方向,也是他未来想要深入探索的领域。在他的团队研究中,他们发现人们对陪伴的渴望贯穿于人生的各个阶段。与此同时,他们意识到老年人可能更容易遭受孤独之苦,尤其是相比于拥有更广泛社交网络的年轻人。随着年龄的增长,老年人的社交圈往往逐渐缩小,而家人因忙碌的生活而难以常伴其左右,这一市场痛点成为了团队关注的焦点。

特别值得一提的是,针对越来越多老年人患上阿尔茨海默病,曹荣昀的团队与精神健康领域的专业机构携手合作,研发了具备监测和认知训练功能的机器人。这些机器人不仅仅是陪伴者,更是守护者,能够在老年人的家中进行日常活动监测,从而提早发现老年患上阿尔茨海默病的风险。

曹荣昀认为这种早期识别与干预的能力至关重要。由于老年人往往在病情发展到较为严重的阶段之前,不会察觉到自己可能需要医疗干预,常将记忆力下降等症状归咎于正常的老化或偶尔的健忘。曹荣昀团队开发的机器人旨在这一过程中扮演关键角色,通过持续的日常监测和认知能力训练,帮助老年人在疾病早期就获得必要的干预和照护。

让我们想象这样一个场景:一位年迈的老人正坐在客厅的沙发上,一个设计精巧的机器人缓缓走向老人,开始与她进行简单的记忆力训练游戏;午餐时间到了,机器人提醒老人吃药,并陪伴她一起用餐,确保她按时摄取营养;饭后,机器人播放老人喜欢的音乐,并邀请她一起舞动。

曹荣昀揣着坚定的信念,面对困难和挑战,他都相信总有一条通往解决之道的路径。他带着乐观的心态,沉浸在创业的挑战与乐趣之中,这正是他所说的"突破点"。他立志打造的不仅是一台能够提供陪伴和安全感的机器人,更是一个能够深切满足老年人日常生活需求的综合解决方案。

在详细阐述自己的创业计划时,曹荣昀对于机器人未来的发展持有坚定的信念。他预见到,人机协同将成为未来发展的新阶段,正如人与人之间的协作一样,人类也需要能够顺畅地接收机器人传递的信息。他的创业重点不在于机器人的移动或操作能力,而是专注于提升机器人的交互体验——这一策略构成了他们项目的核心竞争力,也使其与市场上其他机器人产品显著地区别开来。

在这个既充满挑战又孕育无限可能的新时代,曹荣昀希望在毕业后能够成立自己的公司,继续在机器人技术领域进行深入的探索与创新。他坚信,凭借他的团队和对未来的清晰愿景,这一梦想将逐步成为现实。

项目价值

该项目的独特价值在于其整合了先进的人脸识别技术和语音合成技术,旨在打造一种全新的多模态交互机器人,能够更好地融入人们的日常生活,提供更加智能、个性化的人机交互体验。

首先,该项目利用基于深度学习卷积神经网络的人脸识别技术,包括人脸对齐及特征点检测、卷积神经网络基本模型和姿态识别,使得机器人能够准确识别用户的面部表情和动作,从而更好地理解用户的情感和意图。这种能力使得机器人能够更加智能地与用户进行交互,从而提供更加个性化的服务体验。

其次,该项目采用了端到端系统、KAN-TTS 等先进的语音合成技术,以提供自然流畅的语音交互体验。通过语音合成技术,机器人能够更加自然地与用户进行语音交互,从而提供更加智能、便捷的服务。这种自然流畅的语音交互体验,使得用户能够更加轻松地与机器人进行沟通,从而提升了整体的人机交互体验。

综合来看,该项目通过提供准确的情感识别和自然流畅的语音交互,致力于满足人们对智能化生活的需求,推动人工智能技术在日常生活中的应用和发展。

访谈心声

主持人：在你看来，人机共存的时代会很快到来吗？

曹荣昫：创业本身就需要创业者具有一些乐观精神，在我们看来，人机共存的时代可能在10到20年就会到来。

主持人：有些人会觉得人机共存的世界挺恐怖的，有些影视剧里会有机器人吞噬人类的情节。

曹荣昫：这个要看怎么理解机器人了。在汽车未被发明之前，人们很难想象汽车这么频繁广泛地出现在我们生活当中，机器人未来可能也是类似的。

主持人：机器人共存的话，机器人会有自我意识吗？

曹荣昫：作为研究者，我们当然是希望它能够具备一些自我意识。

但从它目前发展的进度来看,还需要很长时间。

主持人:现在需要人类输出一些指令,然后它们才能做一些动作,是吧?

曹荣昀:是的。

主持人:你说的仿生机器人,在美国发展得怎么样?

曹荣昀:美国目前机器人,最近一次比较火的浪潮是马斯克带动的人形机器人。马斯克每一项创业项目都是服务于他想要殖民火星的出发点,殖民火星很难把更多劳动力带到火星上,就需要人形机器人。

主持人:国内这几年机器人发展得也很快,像扫地机器人。人工智能机器人的研究,哈工大、中国科大都在做,你们这个项目离产业化还有多长的路要走?

曹荣昀:我们的研发目标是具有高交互性的、复杂的机器人系统,包括但不限于人形机器人。但我们会从研发目标大系统里选取一些能够尽快落地的小技术模块,在这个模块去做一些可产业化的产品。

主持人:现在有一种新的人机接口技术也正在研发,就是通过一个接口,让机器读懂人类,人的意识跟机器做一个交流,你们的机器人是不是也有这种关联?

曹荣昀:脑机接口这个方向也是比较新的方向。我们也在积极拥抱这项技术,也在积极地测试,我们也有自己的脑机接口设备。如果把人的意识接入机器人大系统里面,未来可能会存在伦理问题。

主持人:您怎么看待机器人伦理问题?

曹荣昀:首先这个方向目前还比较新,因为机器人,包括人工智能伦理,上升到更高的层级来说,人工智能伦理是随着近几年神经网络的火热才出现的,我们认为神经网络是一个黑箱,无法预知每个过程的推理和演算,我们对这个产生担心,但是目前还没有更多阶段性的可以说出来的进展。

主持人:你们想过第一款产品是什么样的吗?

曹荣昀:有想过,我们希望做出陪伴老人的机器人。最近与展馆、科技馆合作,我们先在机器人展示上做出一些突破,让大家看到这种机器人,并且能够产生一些有意思的交互。未来我们还是聚焦在科技潮玩这个点上。

青春独白

作为一名起步于中国科大的青年创业者,我理解科技强国是指一个国家在科学技术方面取得了世界领先地位,拥有强大的科技创新能力和产业实力。青春报国意味着怀揣初心,不断学习,努力掌握更多的科学知识和技术方法,为国家的科技发展贡献自己的智慧和力量。青春是一种永怀初心、不断学习的心态。怀揣着这种心态,才能够在科技强国、青春报国的路上走得更快更远。让我们一起努力,让青春在科技创新的征途上绽放出最灿烂的光芒!

专家点评

人形机器人产业正站在新的发展风口。自2022年以来,中国人形机器人领域共发生25笔融资,大量资本的持续涌入为人形机器人的发展注入强劲动力。人形机器人的应用前景广阔,从工业制造到服务领域再到特种领域,人形机器人的身影将无处不在,特别是在工业制造领域,有望实现批量使用,提升工厂智能化水平。

与生产制造相比,人形机器人在交互方面面临的挑战更为巨大。

感知能力和情感交流限制:机器人当前的主要功能就是执行任务,但在未来的发展中,其将会有更多、更复杂的功能,如智能交互、情感交流、自主学习等,当下人形机器人还很难理解人类的情感,更不要说情感交流。目前机器人的感知能力还远远不及人类,缺乏视觉、听觉和触觉等。无法像人类一样从复杂的场景中获取准确的感知信息。

理解和决策能力不足:人形机器人需要能够理解人类的语言和上下文信息,并从中抽取出关键信息。然而机器人往往不能准确地理解人类的意图和需求。在面对复杂、不确定的环境时,人形机器人需要能够根据感知和理解的信息做出合理的决策。机器人往往难以做出准确且适应性强的决策。这涉及机器人的推理和规划能力的提升。

机器人领域的创业公司,最需要注意的就是技术"适度"。"资源稀缺"是我们在经济领域经常提到的一个词,资源就是时间、金钱和人力成本。对于创业公司来说,资源更是非常缺少的,因此资源的有效使用就更为重要,很多创业公司都是因为资源过快消耗而撑不下去的。针对这个风险,创业公司对应的技术使用原则就是"能省则省",在技术使用策略上的准则就是"简单化",越简单越好。当然这个简单是建立在理性分析基础上的。技术人员有个通病,认为技术实现越复杂、越庞大、越全面,就越能体现技术水平,这是一个非常错误的观点。衡量技术水平的唯一标准其实就是"是否有效支撑业务发展",比如说开发速度快,后期问题少,假如能做到这些,那么这个技术团队就是优秀的。

一味地追求技术领先,可能会给你带来很多其他问题,例如成本过高,或者可靠性不够,或者你的产品只能停留在实验室,无法大规模商业化等,技术领先不一定代表商业成功。

提倡简单化的理论,就会让你从另一个角度去审视技术本身。比如有一些技术使用的建议也许看上去并不高大上,似乎每个人都能明白,但假如能有效地实行,在创业初期能够解决大部分的技术问题。一定要记住,技术很重要,但最终的目的是服务用户。不要为了秀技术而使用技术,而是要让你的技术为商业服务。

许　诺

中国科学技术大学创新创业导师、

安徽一维新能源技术有限公司总经理

"创"是起点,"业"是终点,希望我们科创新苗用科技的手段、科学的方法,从起点走向终点。

中科元创:下一代储能逆变器领航者

随着新能源发电比例的增加,储能技术的重要性也日益凸显。储能技术可以平衡电网负荷,提高电网利用率,解决弃风弃光等问题,从而增强电网的稳定性和可靠性。预测显示,储能系统的全球装机容量将持续增长,储能逆变器作为储能系统的核心组件将具有巨大的市场需求和发展潜力。

中科元创团队抓住了新能源发电和储能行业的机遇,长期专注光伏逆变器和储能变流器等新能源电力电子设备的研发、生产和销售。团队拥有电力电子、新能源控制、能量管理、储能变换、远程运维等领域的相关核心技术,通过提供高效能量转换和稳定可靠的电力供应,能够解决当前市场上逆变器系统转换效率低、电池容量小和光伏利用率不充分的问题。

目前,团队依托多个中国科大高性能实验室及双一流高校科研力量,已成立一家集自主研发、生产、销售及服务为一体的高新技术企业,致力于成为全球领先的分布式能源解决方案提供商。本项目产品在产业化降本增效方面领先行业,设备国产化率高,成本节约和体积压缩效果显著。团队已经取得了一定数量的订单和意向订单,并获得了投资机构的意向投资,显示出市场对其产品的认可和需求。

核心团队

李东昆

管理学院硕士生

卢子贤

周睿

创客故事

狂奔！做下一代储能逆变器领航者

2023年4月,在安徽梵歌大数据科技有限公司的数据中心机房,一款新一代储能逆变器正进行紧张的现场测试。数百台服务器和网络设备排成整齐的行列,显示着闪烁的指示灯,发出嗡嗡的声音。

在数据中心内部,除了有计算机等IT设备外,还有制冷、照明等设备,大量数据吞吐和运算使得作为新兴技术“大脑”的数据中心面临巨大的能耗挑战。

中科元创团队的总经理李东昆自信满满地表示:"我们为数据中心提供的新一代储能逆变器,相当于给数据中心搭载了小型电站,可以在白天光照充足的时候将光能量储存在蓄电池里面,到了晚上再转化为电力释放出来,既提高效率,又节约成本。"

为了助力数据中心达到大幅减少能耗的目的,他们团队依托中国科大高性能平台,针对碳化硅、氮化镓等国产核心电路元件优化逆变器电路架构,将中点钳位三电平拓扑技术改进为有源钳位三电平拓扑技术,成功将AC-DC转化效率提升至99.1%,高于行业平均转化效率(98.52%)。

经测试,这一"小幅提升",让数据中心运营成本降低了46%,PUE低至1.15,逆变器的优异性能助力数据中心实现了清洁能源转型,降低成本并提高效率。李东昆成功为中科元创这个初创团队拿到了1230万元的长期订单。

那些梦想改变世界的人,才能真正改变世界

李东昆,就读于中国科大管理学院,在加入中科元创项目之后,早已参与过光伏半导体等多个高科技龙头企业的投融资工作,凭借着丰富的金融和投资工作经验,他敏锐地意识到国内外新能源发电和储能行业的迅猛发展和巨大潜力。

全球光伏市场的快速增长,带动光伏逆变器市场扩容:“根据预测,储能将逐渐成为刚需,预计到2025年,存量市场储能装机容量超过500 GW,具备万亿元级市场空间;每年新增储能装机容量达20 GW,年新增市场规模约1000亿元。储能逆变器作为储能系统的核心组件,具有巨大的市场需求和发展潜力。”李东昆的市场判断得到了专业的数据支撑。

在大学期间,李东昆萌生了踏足新能源储能新赛道的念头,他逐渐联合卢子贤、周睿等科大校友成立了创业团队,开始对储能技术进行研究,并投入了大量的时间和精力对华为、阳光电源等光伏逆变器龙头企业进行了一系列的调研。

他们发现,储能逆变器是一个关键的组件,它可以将可再生能源转化为可储存的电能。然而,现有的储能逆变器存在一些问题,比如效率低、成本高、可靠性差等。

《乔布斯传》里有一句话广为流传的名言:“只有那些疯狂到以为自己能够改变世界的人,才能真正改变世界。”这群年轻人内心都同样怀有这种朴素的梦想。

他们已暗下决心,“要利用自己的技术和创新能力,决心改进这些问题,开发出一种更高效、更可靠、更经济的储能逆变器”,为推进传统的化石能源转型清洁能源做出贡献。

新能源市场一颗新星闪耀登场

2023年1月，李东昆的硕士毕业帽刚刚摘下，中科元创的公司招牌便高高挂起，他踏上了充满挑战的创业征程。在国内新能源市场的战火连天中，中科元创如一颗新星般闪耀登场。

相比其他企业，中科元创研发团队也可以称得上“高配”。整整19位核心成员，个个都是从中国科大这种顶尖高校里走出来的高才生，专业横跨计算机、仪器科学、工程力学、材料化工、物流管理、法律金融，完全覆盖了中科元创发展过程中需要突破的各个领域。而且他们还和中国科大的人工智能实验室、国家同步辐射实验室关系密切，可以互相进行学术交流，共享资源设备。

有这么一支实力雄厚的团队作为后盾，李东昆对中科元创的创业梦想充满了信心，他表示：“我们的目标就是在新能源储能的赛道上狂奔，研发出顶尖的光伏逆变器和储能变流器等电力设备。”

创业的道路就像攀登崎岖的珠穆朗玛峰，每一步都需要极大的勇气和毅力，而且总是伴随着不可预知的风险和考验。李东昆和团队成员在开发产品的过程中，遇到了各种各样的难题和挑战。为了筹集资金，李东昆挺身而出，决定参加“挑战杯”全国大学生创新比赛，向投资大咖们展示他们项目的巨大潜力。

“你可以把它们想象成太阳能系统的‘魔法转换器’和‘能量宝库’！光伏逆变器能够把太阳能电池板收集到的直流电转换成家里用的交流电。储能器可以把多余的电能储存起来，等到夜晚或阴天时，我们仍然可以使用这些储存起来的能量。就像是魔法世界里的能量宝库一样，让我们随时都能感受到魔法的力量！”

他精心准备了演示文稿，在创新比赛现场，李东昆身穿一件黄色的冲锋衣,用生动的比喻介绍他们的产品。侃侃而谈的自如神态,让台上的他更添了一份创业者的沉稳气质。

李东昆和他的团队在“中科元创:下一代储能逆变器领航者”项目上的努力终于开花结果,他们在一系列紧张、激烈的投资者演示后,拿下了主体赛的桂冠,一等奖的荣耀不仅为他们带来了荣誉,更是为研发工作注入了一笔宝贵的资金。

李东昆依然清晰记得当时兴奋地与队员们击掌庆贺。他带着一丝笑意说:“虽然我们的竞争对手是行业的大佬,像华为、阳光电源这样的光伏逆变器巨头,但我们的产品有自己的独到之处。我们正在研发的第二代逆变器,用的是更先进的第三代碳化硅技术方案。虽然他们也在“玩”碳化硅,但我们已经在技术上把它推向了新的高度,这就是我们的撒手锏!”

为太阳能系统装上“魔法转换器”

时间在流逝。李东昆和他的团队在实验室日复一日地努力工作,他们面临的挑战是要将实验室里的原型机进一步完善,使其成为能通过市场检验的产品,可以广泛应用于包括大型太阳能电站、企业商场、医院、学校,甚至家庭自发自用,让更多人都能享受到更清洁、便捷、经济实惠的清洁能源。

历经无数次的试错和精心打磨,团队终于研制出了一款新型储能逆变器。这个小小的逆变器里蕴藏着巨大的魔力,它运用了前沿的功率电子技术和智能控制算法,就像一个能量转换的魔术师,把风和太阳的力量变成高品质的电流,再把这股力量安全地存储起来。不仅如此,它的转换效率和使用寿命都比老式的储能设备高出不止一个档次。

李东昆自信满满地说：“我们的优势首先是在技术上，我们采用下一代碳化硅半导体技术，绝对是同类产品中的领头羊；在产品国产化率上，我们的元器件国产化率超过了90%；在成本上，我们的产品相较同类竞品，成本低30%~40%。”

为了扩大市场份额，李东昆团队还与一些光伏系统供应商建立了合作关系。他们参加各种行业展览和展示活动，与客户和合作伙伴进行面对面的交流与沟通。他们还积极参与行业协会和组织，与同行业的专业人士进行交流和合作。

他们的储能逆变器逐渐在市场上获得了认可，迅速凭实力出圈。在成立短短的几个月内，产品已面向全球200多个国家和地区销售，已签订单4080.50万元、意向订单4000万元，同时获得投资机构4000万元意向投资。

在未来，李东昆和团队有着更大的目标和愿景。他们计划专注于逆变器核心业务，在产业链上下游横向和纵向上进行扩展，同时进行系统集成，将逆变器整合到包括BMS、EMS等整个储能系统。

在这场激动人心的创业旅途上，创业者会遇到无数的挑战和考验，但淡定的态度可能会成为创业路上的宝藏。

李东昆的创业经历鼓舞着更多的年轻人，勇敢地追逐自己的梦想，创造出更多有价值的创新产品。他深深地觉得，“创业让我看到了不一样的风景，让我成为一个敢于实践自己想法的勇士，让我敢于追求梦想，我坚信，未来一切皆有创新的可能！”

项目价值

中科元创团队在技术创新、产品创新、市场创新和创业模式创新方面具有显著的创新点。他们通过不断推动技术的突破和创新，提供高质量的能源解决方案，满足市场需求，实现了创新创业的目标。

在技术方面，中科元创团队在光伏逆变器和储能变流器等新能源电力设备领域进行了深入的技术研发和创新。他们通过自主研发和合作研究，掌握了核心技术，提升了产品的性能和可靠性。团队成员来自知名高校和行业领先企业，拥有丰富的研发经验和技术实力，能够不断推动技术的突破和创新。

在产品方面，中科元创团队致力于提供高效、可靠、可持续的能源解决方案，主要产品包括光伏逆变器、储能变流器、便携式/户用储能系统、智慧能源管理系统等。他们通过不断改进和优化产品的设计和功能，提升产品的性能和竞争力。同时，团队还注重产品的可靠性和稳定性，以确保用户能够获得高质量的能源解决方案。

在市场创新方面，中科元创团队在市场开拓方面具有创新意识。他们通过深入了解市场需求和行业趋势，针对不同市场和客户群体提供定制化的解决方案。团队注重与储能系统集成商和其他合作伙伴建立稳定的合作关系，共同开拓市场，拓展销售渠道，提高产品的市场份额和竞争力。

在创业模式创新方面，中科元创团队基于客户细分、解决方案、价值主张和门槛优势的思路，采用“九宫格分析法”来确定其商业模式。他们注重产品的创新性、技术实力和成本优势，通过建立良好的供应链和合作伙伴关系，实现资源的优化配置和降低成本，提供高品质的产品和服务，增强客户满意度和忠诚度。

访谈心声

主持人:怎么想起来以新能源储能为切入口进行创业?

李东昆:国家新能源近几年发展的速度非常迅猛,而海外的储能市场增长已经超过80%。我们很自信,做这个新能源储能赛道,非常有前景,也会取得比较快的增长空间。我们的逆变器是在中国科大孵化出来的,技术门槛高,我们具备技术优势,才有十足的信心切入这个赛道。

主持人:你们产品在国内有同类的吗?

李东昆:华为、阳光电源就在做这类产品。我们跟他们是有区别的。我们在做第二代逆变器,采用的是第三代的碳化硅的方案,他们现在用碳化硅还是比较少的。我们技术上进行了迭代,比他们发展至少快了半年。

主持人:现在公司的运营状态处于很成熟的状态吗?

李东昆:虽然公司成立时间比较短,但整体运营进入稳定阶段,包括订单和生产都在有序进行。现在订单挺多的，跟国外也签了不少的意向性订单，说明我们的产品在全球市场都是非常有竞争力的。在成本上我们控制得非常低，比同行的成本低30%~40%；另一方面，我们也做了国产替代，现在技术是自主可控的，外国想封锁我们公司也是很难的。

主持人：你本身的个性是喜欢科研还是更喜欢创业？

李东昆：我个人可能更偏向于创业，但创业的根基还是在于科研。在技术迭代的过程中，我对科研非常看重，希望通过技术迭代去寻求在创业路上的突破口，进行进一步的产业化落地。

主持人：成立公司以后，你觉得企业需要做什么？

李东昆：我们是科技型公司，一方面就是做研发，一方面就是抓市场。我们通过快速的技术迭代，在市场竞争中就可以把产品价格做得更低，就可以快速取得更大的市场份额。另一方面就是需要解决销售渠道的问题，需要稳定的客户关系、稳定的供应商关系，无论是对一个初创企业，还是成熟企业都非常重要。

主持人：未来，你们是专注于逆变器产品，还是探索多元化的产品线？

李东昆：企业一定要聚焦主业，逆变器主营业务不会放的，但是在技术上会有一定的延展。另一方面，我们希望把产业链牢牢控制在自己手中，除了逆变器外，包括芯片研发要做，系统集成业务也在开拓，争取把逆变器集成到整个储能系统中。

主持人：光伏、新能源的发展吸引了大量的企业投身这个行业，在这种激烈的竞争当中，你们公司怎么立于不败之地？

李东昆：我觉得，要想存活下来，就要具备强大的造血能力，最核心的是要稳定住自己的技术优势，以技术领先争取市场的头把交椅。同时重视建设稳定的产业链和供应链，和客户保持长期稳定的合作关系。当然，我们也会跟社会资本合作，争取更多的融资渠道。

青春独白

作为一名起步于科大的青年创业者,我理解科技强国的含义是希望通过努力解决更多关键性问题,实现科技自立自强。我认为大国竞争的本质在于尖端科技的竞争,因此我将以国家利益和家国情怀为重,为中华之崛起而努力,为祖国之富强而创新。

专家点评

碳化硅作为第三代半导体材料,在储能逆变器中展现出显著的技术优势,包括更高的开关频率、更低的工作温度、更高的电流和电压容量以及更低的损耗。这些特性使得碳化硅器件能够实现更高的功率密度、可靠性和效率。

随着可再生能源如光伏和风电的间接性和波动性特点,储能成为解决能源波动性问题的关键,碳化硅储能逆变器在储能领域的应用前景广阔。碳化硅储能逆变器能够使系统效率提升、功率密度提升,并减少元器件的体积和成本。这有助于降低整体BOM成本,实现更小的占用空间。碳化硅功率器件在新能源汽车和光伏发电领域得到广泛应用,尤其是在逆变器中。这些应用对提升系统效率和降低能耗具有重要意义。

但是,碳化硅储能逆变器的商业化应用,仍面临巨大挑战:

首先,碳化硅器件的制造成本相对较高,这会使得碳化硅逆变器的整体成本上升。相对于传统硅基功率器件,碳化硅功率器件的制造工艺和技术成熟度还有待提高,需要进一步的研发和优化。碳化硅器件的制造需要先进的工艺和技术,包括特殊的材料处理和加工方法。这需要投入更多研发和制造方面的资源,以提高制造效率和降低成本。

其次,尽管碳化硅器件具有高温工作能力和高电压承受能力,但其长期稳定性和可靠性尚需进一步验证。碳化硅器件在工作时可能会产生更高的热量,因此,设计有效的热管理系统至关重要,碳化硅器件的特性要求相应高性能的驱动和控制电路。设计和优化这些电路以最大化碳化硅器件的性能,需要专门的技术和经验。

这些挑战需要通过持续的技术创新、成本控制、市场推广和产能提升等多方面的努力来克服。碳化硅储能逆变器技术推广尚需时间,市场和行业需要逐步接受这项技术,并认可其性能、可靠性以及长期运行的优势。

游浩方

中国科学技术大学创新创业导师、

安徽交控信息产业有限公司总经理

希望科创青年们在合肥这座科创名城里大胆创新、勇于实践，让科技之光照亮每一个“跃跃欲试”的“双创”青苗。

细胞阻抗分析设备开发

随着国家政策对科学仪器国产替代的鼓励和支持力度不断加大，科学仪器行业在国内市场具有巨大的增长潜力。科学仪器在制药与生物医学、食品安全、环境监测、半导体、石油化工等领域扮演着重要的角色。然而，目前国内科学仪器的国产化率仍然较低，自主可控的高质量、高性能产品稀缺，这为国产替代带来了重要的意义和机遇。

在目前国内市场上，细胞阻抗设备仍然依赖于进口设备，如安捷伦RTCA、安诺论Z-Theta等。这些进口设备价格昂贵，维修费用高，这很难满足市场需求。项目团队认识到国内市场对具备自主知识产权的高质量、高性能细胞阻抗设备的迫切需求，基于细胞电阻抗传感检测技术原理，开发了一款实时细胞阻抗分析设备系统。项目团队基于中国市场的空白和机遇，通过在细胞阻抗领域进行技术研发和创新，旨在填补国内自主研发与生产的细胞阻抗设备的市场空缺，通过结合先进的科学技术和工程能力，致力于开发一种完全国产的细胞阻抗设备，以满足我国医药、生物科技、食品安全等相关行业对于高质量、高精度细胞阻抗测试的需求。

核心团队

王倩

工程科学学院博士后

薛伟伟

创客故事

阻抗细胞分析设备的“最佳拍档”

“当我在科大的时候，每天走出宿舍大门，往教学楼走，就要迎着刚升起的太阳，就像走向光明的前路一样，一天的精气神就这么提起来了。”这是一名曾在中国科学技术大学就读的学生的感慨，被誉为最能安放“安静的课桌”的大学，确实拥有浓郁的无可比拟的学习氛围。众多中国科大学子就是从这里走进实验室，走向社会，走向光明的前路。

如今，王倩正行走在光明的前路之上。这位美丽、优秀的中国科大工学博士后机缘巧合地和师兄薛伟伟博士一拍即合,联手对细胞分析设备(electric cell-substrate impedance sensing,ECIS)的几个关键领域进行了创新,成功研发出了成本较低、性能增强等拥有诸多优势的“细胞阻抗分析设备”。

二

“这个项目并不是从课题组研究课题扩展出来的,而是基于我们日常工作中的实际需求而诞生的。这是我们这个项目的与众不同之处。”一上来,王倩就开门见山。王倩在接受采访时分享了她的学术转变:“我本科阶段主修生物学,但一直对跨学科的知识充满好奇。出于个人兴趣,我决定在攻读博士学位时跨入工程领域,专注于生物力学的研究。这样,我就能从工程的角度深入探索生物学的深层次问题。”

在生物学研究中,我们常需要采用特定的检测方法来评估原代细胞的活力。常见的检测手段包括使用化学试剂,或通过显微镜进行观察。但这些方法都有其局限性,例如无法观察动态过程,或者对试剂和设备的要求较高,可能影响实验的重复性。作为一名具有交叉学科优势的研究者,王倩巧妙地将生物学知识与工程学知识相结合,设计了一种新颖的细胞活力检测方法。她利用集成了微流控芯片的技术,从一个全新的角度去评估细胞的状态。这种方法不仅可以实现全流程的动态监测,还解决了传统化学染料方法中实验重复性低的问题。

在实验的过程中,王倩面临了一个挑战:通量不足、制作芯片耗时且成功率不高。为了解决这个问题,她开始进行深入的研究。她发现国外有一款名为“细胞阻抗分析设备”的产品在市场上销售,但由于其高昂的价格和进口成本,购买并不实际。这让她萌生了一个想法:能否自主研发一款能实时探测细胞活性的设备?经过一番思考,她决定向她的长期合作伙伴薛伟伟寻求帮助。

薛伟伟博士是王倩在同一研究环境中的重要合作伙伴,他们所在的课题组之间的交流频繁且深入。薛伟伟博士在设备开发方面拥有丰富的经验,对生物仪器开发也有着浓厚的兴趣。他的创新思维和实践能力,使他在王倩眼中成为一个充满“点子”的人。他的勤奋和动脑、动手的能力,使他在面对挑战时总能找到解决方案。当王倩在项目的可行性上有所疑虑时,她就会向薛伟伟寻求意见。在他们共同评估了项目的可行性后,他们决定一起尝试实施这个项目。

一切看起来是那么自然,实际上没那么简单。“用细胞阻抗分析设备来探测细胞活性,和常见的探测细胞活性要染色或者加材料的方法不一样,我们在培养皿上通过电学方法直接进行测量,操作起来比较方便。”薛伟伟说,“做的过程中还是很花功夫的,做很多实验,这是很关键的。你知道它的物理原理之后,就像搭航模一样,要找各种组件。创造这种物理环境或者检测物理样本、设备的过程中需要不断尝试,在尝试中尽量减少它的不稳定性,达到数据的稳定,然后再不断优化、完善。”

经过不断的分析、尝试、实验，这对“最佳拍档”终于在阻抗细胞分析设备技术上实现了关键环节的创新。

二

“我们可以把一个细胞看作像汽车那样的复杂机器。除了24小时不断运作之外，有时候两辆车会并排前行，有时候甚至四辆车齐头并进。即使是世界上最聪明的工程师，也无法重现如此精密复杂的机器——想到人类对细胞的运作方式始终知之甚少，我总会萌生出这样的感慨。”来自艾伦细胞科学研究所的计算机视觉研究员Greg Johnson就曾这样说道。

为了观察活体细胞的内部运作方式，生物学家们目前选择将基因工程与先进的光学显微镜加以结合，不断探索。在欧美，ECIS技术作为主流的细胞行为检测技术，与光学显微镜、流式细胞术和化学检测法齐名。它的主要优势在于可以实时监测，无须标记无细胞毒性，具有超高的通量，并且使用成本相对较低。

虽然ECIS技术并非王倩和薛伟伟的原创，但他们的团队在多个关键环节进行了创新，尤其在成本效益方面取得了显著成果。他们通过自主设计电路和软件，大幅降低了与传统ECIS系统相关的成本。相比于国内其他课题组的研究，他们的成本降低得更为显著。王倩表示，他们的产品不仅降低了成本，而且提升了性能，与标准系统相比，他们自行开发的电路提高了测量的灵敏度和准确性。

整个研发过程比较顺利，虽然中间也会遇到一些小问题，但王倩、薛伟伟的心态都很好，遇到事情总是积极面对，寻找解决办法，而且还拿出了更优的方案。“我们开发了用户友好的软件，简化了数据采集和分析，增强了整体用户体验。”薛伟伟自小就喜欢动手，是航模、机器人高手，开发软件是他的“拿手好戏”。在设备开发过程中，他们还引用美学理念，实现了美观实用的设计，系统的外观设计相对美观，实用占用体积小，满足实验室的需求；同时，创新的无线通信和大容量电池系统能兼容各种培养箱，大大降低了用户的配套成本。

“人无我有，人有我优。”在王倩看来，她们的这场创新克服了诸多技术挑战，在打破国外技术壁垒的同时，也在机械电子和持续创新能力上，为竞争对手设置了很高的进入壁垒。如今，项目的多个相关专利正在筹划申报之中。“我们相信这些进步使我们的项目在该技术领域处于领先的市场地位，为细胞分析提供尖端、经济高效的解决方案。”王倩自信地说，“持续创新的能力使我们易于在该领域保持领先地位。”

三

研究显示，全球细胞分析相关产品的市场规模已超过100亿美元。经过近几年的并购，全球市场已经形成了由Agilent、Danaher、Thermo Fisher和PerkinElmer等巨头垄断高端产品的局面，该类产品已成为我国细胞分析领域的“卡脖子”产品。

“卡脖子”其实是“卡脑子”,只有开动脑筋才能解决问题。在王倩看来,项目对社会的影响程度与产品竞争力有很大关系——如果竞争力与进口产品相当,那么带来的社会便利不会特别显著;如果具备更高的性能,更有性价比的定价,那么这种设备的使用成本将大大降低,更容易普及到各个相关行业。“我们希望通过不断的技术创新,生产出世界领先的设备,不仅提供有性价比的产品,而且能够在国际市场上有更高的定价空间。”王倩说。目前他们团队已经完成了能用于实际应用的样品机研发,并且已有课题组开始使用并且提供了良好的反馈,未来目标是继续完善这些样品机,进行更广泛的应用。

对于产品未来的应用前景,薛伟伟和王倩都充满了耐心和信心。薛伟伟解释说:“我们的产品并不是面向普通消费者,而是专门为药企和学校设计的。药企可能会更快地进行研发,因为我们的目标市场是专业市场,这使得在推广和商业化方面的压力相对较小,竞争也不会那么激烈。”他认为,一旦设备得到普及,成为一种通用的教育或工业工具,就能更好地提升学生的实验和研究能力,同时也能提高工业界的效率。这将在国内形成一个多赢的局面。

虽然市场前景广阔是显而易见的,但是真想走进市场去分一杯羹并非易事。“如果要量化进入市场进度,我会说我们的项目已经完成了大约80%。如果要量化商业周期进度,我们的长征可能才迈开前面几步。”王倩说,目前他们最担心的问题是销量可能不如预期。对于王倩、薛伟伟团队来说。目前仍然主要是技术导向,而商业层面的诸多步骤,如客户订单等,还没有太多涉猎,实现产品商品化还有很长的一段路要走,需要跨越……

不过,虽然有一定的担忧,但并没有产生过多的压力,“我们的优势在于技术和已有的用户认可度,这些因素让我们相对自信地面对未来的挑战。”王倩显得信心十足,“我们希望以先进的技术、优质的服务为基础，在大家的帮助下，成为国产阻抗细胞分析设备的先驱和领导者！"这是王倩和薛伟伟的愿望，也正是他们团队孜孜以求为之奋斗的科创梦！

项目价值

本项目是基于细胞电阻抗传感检测的ECIS技术原理开发的一款实时细胞阻抗分析设备系统。该设备能够同时测量多组不同细胞的电阻变化、膜电容变化以及细胞层-基底膜空间变化。当细胞与传感器相互作用时，它们会改变阻抗，阻抗会被实时测量并转换成细胞指数值，该值反映了细胞行为随时间的变化，因此该设备可用于监测细胞增殖、迁移和活力，并能够提供实时、连续、无标记的细胞行为监测。相对于普通光学显微镜和荧光标记观察、酶标仪等传统方法而言，这种细胞传感器的阻抗检测使得细胞形态研究更为直观、方便，并容易获得实时定量的检测结果。

基于细胞电阻抗传感检测的ECIS技术原理，项目团队设计并开发了一种细胞活率检测设备。该方法是一种实时、高效、便捷的细胞行为研究技术。这种细胞检测技术可以为生物医药行业的药物开发和细胞行为研究提供一种有效的工具，有望加速药物开发周期，并帮助研究人员深化对细胞行为及其相互作用的理解。

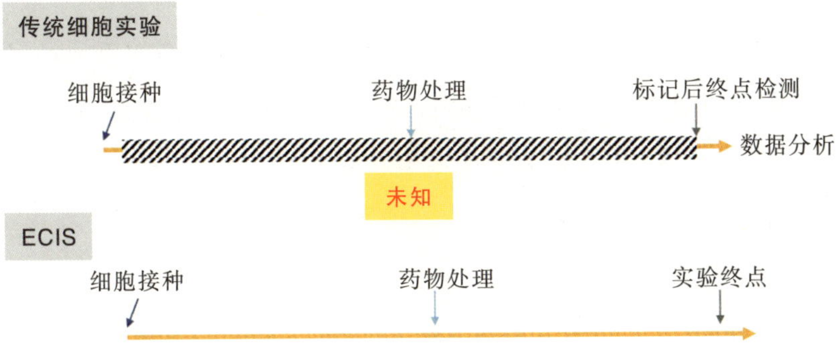

技术原理对比

从团队的研发成果分析,已完成细胞阻抗分析设备初代商品机的制作,并进行了产品迭代,开发了不同通道产品型号以满足不同类型客户需求;已初步完成阻抗设备软件的架构设计和开发工作;完成中国科大两个课题组样机试用。

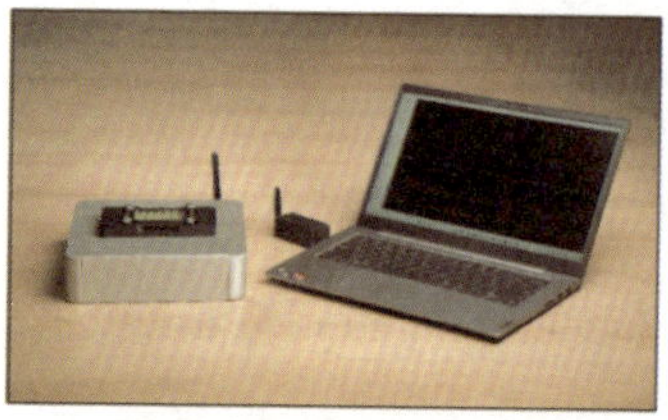

24通道ECIS(银色版本)

24通道ECIS(黑色版本)

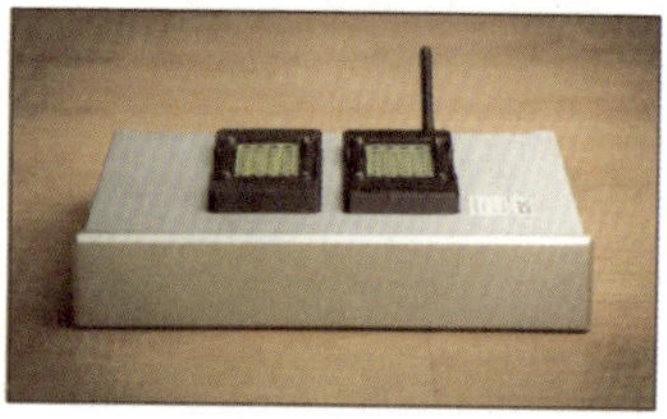

2×24通道ECIS

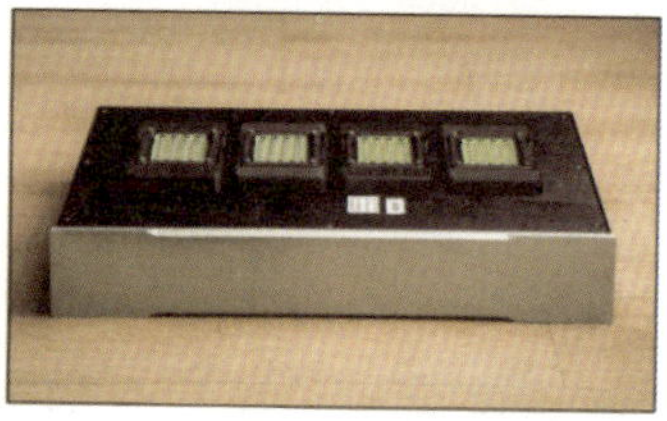

4×24通道ECIS

初代样机

从社会价值分析,这款细胞阻抗分析设备具有广泛的应用前景,在新药开发领域,它可用于药物毒理学分析、抗肿瘤药物筛选和研制、神经营养药物的筛选和研究,以及现代中药的开发和药理机理分析。在基础生命科学领域,该设备可用于基因功能学、细胞表面受体配体结合、细胞生长和分化的微环境,以及细胞生长调节因子的生物学功能、细胞生长、分裂和死亡的分子基础等方面的研究。该设备有望为药物开发和生命科学研究等领域研究提供有力支持。

访谈心声

主持人:你们项目设备非常专业,能简要介绍主要用来解决什么问题的吗?

王倩:简单来说,就是用来探测细胞活性。和常见的探测细胞活性技术相比,我们的设备可以在培养皿上通过电学方法直接进行测量,操作起来比较方便。

主持人:你们的项目与众不同的核心点是什么?

王倩:我们的项目专注于开发细胞活性检测设备,这些设备可以广泛应用于细胞研究、药物开发和毒理实验。它与众不同的核心点是:这个项目并不是从课题组研究课题扩展出来的,而是基于我们日常工作中的实际需求而诞生的。

薛伟伟：我们的项目有几个潜在的优点：一个是专业性强，团队拥有专业的背景和知识，能够深入理解行业需求；二是实用性，项目是从实际需求中诞生的，这通常意味着更高的市场接受度；还有一个就是多方应用，设备可以应用于多个领域，比如细胞研究、药物开发等，因此潜在的市场规模可能较大。

主持人：这个设备跟普通人有什么关系呢？

薛伟伟：这个设备不是卖给普通人的，而是卖给药厂和学校的，能使药厂的研发更快。我们是面向专业市场，产品单价比较高。

主持人：药厂用这个设备对生产药有什么作用？

王倩：研发出一种药出来后，我们要检测它对细胞的毒性，对细胞的活力有什么影响，需要一个设备去辅助捕捉这些信息。

主持人：这项技术是你们的原创吗？

王倩：我们看到国外有相关的产品面市，国内也有做相关的科学研究，但是国内没有相关的产品。

主持人：既然国内没有相关产品，你们做出来肯定是花了很多时间摸索的，这个中间历程是怎样的？

薛伟伟：做的过程中还是很花功夫的。你知道它的物理原理之后，就像组建航模一样，要找各种组件。创造这种物理环境或者检测物理样本、设备的过程中需要不断尝试，在尝试中尽量减少它的不稳定性，达到数据的稳定。这样你心里就有底了，再去尝试做得更完善一点。

主持人：你们这个项目仪器设备研发出来了，也明确了应用场景，有没有想过把它市场化、产业化？

王倩：科大创新创业学院给我们提供了这个契机，我们是希望商业化的。

主持人:有这样的计划吗?

王倩:有的。因为前期主要在原理验证和用户体验,最近着重收集用户体验的反馈,未来安排成本的核算、市场的评估。我们现在做了很多努力,包括咨询相关行业的经销商、代理商,了解市场容量,以及样机试用和产品后期销售,都在联系。

主持人:看来你们的项目进度比较理想。

王倩:目前,我们已经完成了能用于实际应用的样品机研发,并且已有课题组开始使用并且提供了还不错的反馈。未来的目标是继续完善这些样品机,并进行更广泛的应用。如果要量化进入市场进度,我会说我们的项目已经完成了大约80%。如果要量化商业周期进度,我们的长征可能才迈开前面几步。

主持人:如果项目得到市场广泛应用,会给我们的社会生活带来哪些影响或者便利?

王倩:如果项目成功了,对社会的影响程度与我们的产品竞争力有很大关系。如果我们产品的竞争力与进口产品相当,那么带来的社会便利可能不会特别显著。但如果我们具备更高的性能、更有性价比的定价,那么这种设备的使用成本将大大降低,从而更容易普及到各个相关行业和教育领域。我们也希望通过不断的技术创新,生产出世界领先的设备,从而不仅提供有性价比的产品,而且能够在国际市场上有更高的定价空间。

薛伟伟:设备如果能普及,比如成为一种通用的教育或者工业工具,用于大学教育,能更好地培养学生的实验和研究能力。在工业上,也会提高产业界的效率。总体来说,无论是对社会还是对个人,项目的成功都将带来一系列积极的影响,不仅能推动相关行业的发展,也能为更多人提供更好的工作和学习机会。

青春独白

起步于中国科大的青年创业者在理解“科技强国”和“青春报国”这两个概念上有着特殊的视角。对于科技强国，我认为关键在于个人兴趣和专业领域与国家和人类发展目标的高度结合。以我们自己为例，由于我们是从事生物以及光机电领域的工作，这个领域与国家的科技发展有着直接的联系。我认为，将个人兴趣和专业知识投入到这样的工作中，不仅可以助力科技强国，还有机会推动该领域达到世界先进水平。在这一过程中，“科技强国”和“科技强人类”实际上是高度耦合的。而且随着我国在全球范围内的生产力和知识领域贡献增加，国际地位也会相应提升。

至于“青春报国”，我觉得当代这个概念不仅限于传统的、狭义的国家服务，而是在更广泛的层面上，包括学术界和市场经济中的体现。例如，年轻人加入高科技企业，在高收入职位上辛勤工作、在获得工资的同时，也在为国家和社会的科技进步做出重要贡献。关键在于能够将个人的事业和兴趣完美结合，这样才能激发出巨大的个人潜力，并创造出高的社会价值。

专家点评

药物开发周期加速的关键在于技术创新、政策支持、数字化转型以及人工智能的应用。数字技术的应用，尤其是数字医疗，正在深入生物医药产业链各环节，带动企业端的应用转型，并促进整个产业链的全面加速。数字化转型对药物开发的影响主要体现在：

提高研发效率和降低成本：数字化转型通过应用人工智能、大数据等技术，可以加速新药的识别过程，显著减少药物研发过程中所涉及的时间和成本。传统药物研发可能需要长达15年时间和高达数十亿美元的成本，而数字化转型可以显著缩短这一周期并降低成本。

加速新药发现流程：数字化技术的应用可以加快药物发现阶段，包括加速药物靶点的发现和多维度复合优化药物候选分子，从而降低药物研发成本和缩短药物发现时间。

改善临床前开发：在临床前开发阶段，数字化技术可以处理药物的分子特性、水溶性、毒性、口服吸收潜力等问题，从而优化药物的临床前研究。

优化临床研究：在临床研究阶段，数字化技术可以分析药物重定向、患者招募、优化临床试验等情况，提高临床试验的效率和效果。

促进审批与上市：在审批与上市阶段，数字化技术可以开展新药研发情报分析和上市后安全评价等工作，加快药物的审批流程和上市后监管。

因此，提升数据处理能力，应针对临床试验期间呈指数级增长的数据量，高效管理和利用这些数据，提炼出具有可行性的洞见，从而从中充分受益。优化管线价值，面对复杂的监管环境、专利到期问题、技术革新以及竞争压力，生物制药企业必须采取快速、灵活和协作的研发运营模式。数字化转型为创新新纪元铺平了道路，加快了患者获得新疗法的速度，为提高研发生产力提供了新的机遇。

创新创业之路没有终点

愿我们蓦然回首时

永远不会忘记那些奋斗的时刻

以及陪伴我们成长的人

——中国科学技术大学创新创业学院

中国科大创新创业学院微信公众号